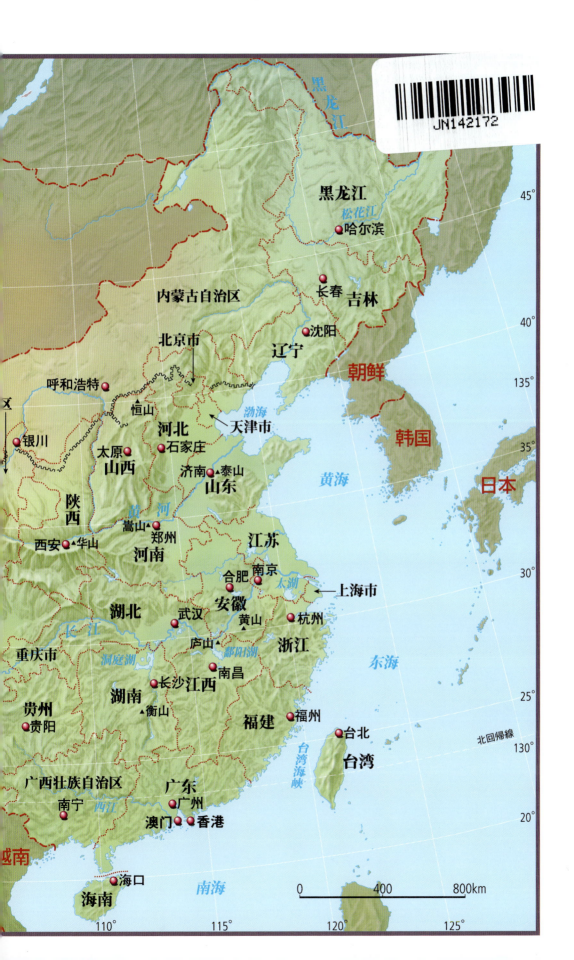

日中いぶこみ交差点

エッセンシャル版

相原　茂
陳　淑梅
飯田敦子

朝日出版社

音声ダウンロード

 音声再生アプリ「リスニング・トレーナー」新登場（無料）

朝日出版社開発のアプリ、「リスニング・トレーナー（リストレ）」を使えば、教科書の音声をスマホ、タブレットに簡単にダウンロードできます。どうぞご活用ください。

まずは「リストレ」アプリをダウンロード

▶ App Storeはこちら　　▶ Google Playはこちら

アプリ【リスニング・トレーナー】の使い方

❶ アプリを開き、「コンテンツを追加」をタップ
❷ QRコードをカメラで読み込む

❸ QRコードが読み取れない場合は、画面上部に 45314 を入力し「Done」をタップします

QRコードは㈱デンソーウェーブの登録商標です

Webストリーミング音声／映像

WEB音声URL

https://text.asahipress.com/free/ch/essential01/

※ストリーミングには1課～4課（発音編）の練習問題の音声も入っております。

映像ストリーミングURL

https://text.asahipress.com/free/ch/kousatenV

◆本テキストの音声は、上記のアプリ、ストリーミングでのご提供となります。
　本テキストにCD・MP3は付きません。

序

　「いぶこみ」とは見慣れない語であろう。これは「異文化コミュニケーション」の略で，この本の著者の一人相原の造語である。日本語はちょっと長い単語を縮めてしまうクセがある。「デパ地下」とか「アニソン」など，4拍にすることが多い。

　それにしても，「いぶこみ」なる造語が広く中国語の教学の場で受け入れられたのは，おそらく日本と中国の間には，異文化コミュニケーションの問題が大きく立ちはだかっており，今後この問題は避けて通れないとの思いを誰もが抱いているからではあるまいか。

　どのように「日中のいぶこみ」問題と向き合うか。それには中国語の学習を通して学ぶのが最適である。私たちはそう考える。

　また「いぶこみ」を語るのに，中国語の教師ほど適任者はいない。ことばを通して，中国の人々の考え方，生活ぶり，行動などを知悉しているのだから。

　わたしたちは前著『日中いぶこみ広場』に続き，再び本書において，日本における中国語の先生方の協力の下，日中の相互理解のありかたを伝授してほしいとの願いを込め本書を編んだ。

　今回は課文そのものの中に「いぶこみ」要素を盛り込んでみた。本文のささいな一言に注意をはらい，学生諸君には日本的考え方や行動様式との違いに注意しつつ，日中異文化を学んで欲しい。

　また，朝日出版社にあっては「いぶこみ」の重要性を認識され，テキスト本編のビデオを作成して頂いた。撮影，編集にあたっては「東京工科大学メディア学部 intebro」の皆さんの献身的な御尽力があった。加えて北京への取材も敢行され，それらの成果は本書の随所に，また付属のビデオから窺うことができよう。
　前著同様，ご使用いただき，忌憚のないご意見をお寄せ頂きたい。

2016年秋　著者

新版に際して

　本書より簡略かつエッセンシャルなものとすべく，文法ポイントを見直し煩瑣を避け，併せて即練（ソクレン）及び会話練習をスリム化した。以て「エッセンシャル版」とする。

2018年　11月

発音編

第一课 10
1 声調　2 単母音　3 複母音　●練習問題

第二课 16
1 声母表　2 無気音と有気音　3 そり舌音　4 消えるoとe　5 同じiでも違う音　●練習問題

第三课 22
1 鼻音(-n, -ng)を伴う母音　2 またしても消えるe　3 eのヴァリエーション　●練習問題

第四课 23
1 第3声＋第3声 → 第2声＋第3声　2 bù [不] の声調変化　3 yī [一] の声調変化
4 軽声　5 声調の組み合せ　6 隔音マーク [']　7 r化　●練習問題

◆教室用語16　34　◆中国語学習のための基礎知識1　35　◆中国語学習のための基礎知識2　36

本文編

第五课　どうぞよろしく 38
1 人称代名詞　2 挨拶ことば　3 "是"shì　4 "吗"ma
日中同形異義語 "女足"は女子サッカー　いぶこみ16景「迷惑」

第六课　お名前は 44
1 姓名の言い方　2 "呢"ne　3 呼びかけのことば　4 "吧"ba
日中同形異義語 "老师"lǎoshī　"老婆"lǎopo　"娘"niáng　"先生"xiānsheng　いぶこみ16景「勤続30年」

第七课　ご出身は 50
1 指示代名詞「こそあど」　2 "的"de　3 "都"dōu と "也"yě　4 動詞述語文
日中同形異義語 "汉语"Hànyǔ　"勉强"miǎnqiǎng　"研究生"yánjiūshēng　"学生"xuésheng
いぶこみ16景「静か vs 賑やか」

第八课　飲み物は 56
1 疑問詞　2 助動詞の"想"xiǎng　3 反復疑問文　4 "喜欢"xǐhuan
日中同形異義語 "茶碗"cháwǎn　"茶杯"chábēi　"饭碗"fànwǎn　いぶこみ16景「察して譲る」

第九课　おいくつ 62
1 数詞　2 年齢の言い方　3 量詞　4 "有"yǒu
日中同形異義語 "猪"zhū　"野猪"yězhū　"野菜"yěcài　いぶこみ16景「型の文化」

第十课　和食はいかが 68
1 "过"guo　2 "请"qǐng　3 "还是"háishi　4 形容詞述語文
日中同形異義語 "饭店"fàndiàn　"酒店"jiǔdiàn　いぶこみ16景「メシを食ったか」

第十一課　家庭訪問 …………………………………………………………… 74
1. 助動詞の"要"yào　2. 主述述語文　3. 比較の言い方　4. 前置詞の"给"gěi
日中同形異義語　"花子"huāzi　いぶこみ16景「五官端正」

第十二課　買い物 …………………………………………………………………… 80
1. 助動詞"可以"kěyǐ　2. 動詞の重ね型　3. 方向補語　4. 連動文　5. お金の言い方
日中同形異義語　"东洋"Dōngyáng　"人参"rénshēn　"胡萝卜"húluóbo　"妻子"qīzi　いぶこみ16景「農夫と蛇」

第十三課　道案内 …………………………………………………………………… 86
1. "怎么"zěnme　2. 前置詞の"离"lí　"从"cóng　"往"wǎng　3. "得"děi（助動詞）
4. 動詞の"在"zài　5. 動詞のあとの"了"le
日中同形異義語　"妻子"qīzi/qīzǐ　"兄弟"xiōngdi/xiōngdì　"精神"jīngshen/jīngshén　"东西"dōngxi/dōngxī
いぶこみ16景「目の前の事実」

第十四課　中秋節 …………………………………………………………………… 92
1. 年月日・曜日の言い方　2. "快～了"kuài～le　3. "了"le（文末の了）　4. 前置詞の"跟"gēn
5. "一边～一边…"yìbiān～yìbiān…
日中同形異義語　"颜色"yánsè　"翻译"fānyì　"校长"xiàozhǎng　いぶこみ16景「花を彼女の職場に送る」

第十五課　食事の前は ……………………………………………………………… 98
1. 時刻の言い方　2. 時間量の言い方　3. 禁止表現"别"bié　4. "挺"tǐng
日中同形異義語　"质问"zhìwèn　"老百姓"lǎobǎixìng　いぶこみ16景「遅刻の言い訳」

第十六課　手作り料理 ……………………………………………………………… 104
1. 助動詞の"会"huì　2. 結果補語　3. "不"bù と"没"méi　4. 方位詞
日中同形異義語　"汤"tāng　いぶこみ16景「おかずがない！」

第十七課　カニの季節 ……………………………………………………………… 110
1. 助動詞"能"néng　2. 前置詞の"在"zài　3. "再"zài　4. 可能補語
日中同形異義語　"节目"jiémù　"新闻"xīnwén　"小康状态"xiǎokāng zhuàngtài　いぶこみ16景「騙されるほうが悪い」

第十八課　スキー場で ……………………………………………………………… 116
1. 様態補語と程度補語　2. 前置詞の"用"yòng　3. "一下"yíxià　4. 二重目的語をとる動詞
日中同形異義語　「我慢」「泥棒」「面白い」「麻雀」　いぶこみ16景「外でダンス」

第十九課　おみやげ ………………………………………………………………… 122
1. "有点儿"yǒudiǎnr と"一点儿"yìdiǎnr　2. 進行の表し方　3. "是～的"shì～de　4. "让"ràng 使役文
5. "～着"～zhe　日中同形異義語　"绊"bàn　"结束"jiéshù　いぶこみ16景「値札つき」

第二十課　空港まで ………………………………………………………………… 128
1. "把"bǎ 構文　2. "被"bèi 構文　3. 存現文　4. "祝"zhù 祈る言葉
日中同形異義語　「油断一秒，怪我一生」　いぶこみ16景「一枚のハンカチ」

◆単語索引　134

この本の使い方

はじめの2ページ

① いぶこみフォトログ

20枚の写真で中国を紹介します．写真からうかがえる日本と中国の違いを感じてください．

② 単語

課文に出てきた新しい単語一覧です．品詞名もついています．組とあるのはフレーズです．

③ 本文

教科書の本文です．日本人高橋さんと中国人の孫さんとの対話からできています．

④

本文からうかがえる日中いぶこみのツッコミどころを解説します．

⑤ 文法メモ

本文を解釈したり，日本訳するときに，先生が一言触れた文法や語彙に関するポイントです．本文理解に必須の知識です．

中国語学習のための基礎知識

中国語を学ぶために是非とも知っておいて欲しい基本的な知識をまとめたものです．

次の2ページ

6 文法ポイント
この課で学ぶ文法ポイントです．重要なポイントに絞って詳しく解説します．

7 補充語句
文法ポイントに出てきた新しい単語です．

8 ソクレン、ソクレン、即練習
文法ポイントで学んだことを即練習します．

最後の2ページ

9 イラストコーナー
絵をみながら中国語の常用単語を増やしましょう．

10 会話練習
イラストコーナーで学んだ単語や表現を，ここで実践練習します．

11 こんなに違う 日中同形異義語
日本と中国，同じような漢字でも意味が大きく異なるケースを取りあげます．

12 いぶこみ16景
日中異文化コミュニケーションに関わる話題を16取り上げ，1課で1シーンをコラム風に紹介します．

いぶこみフォトログ●撮影者一覧

第 1 課　张建开
第 2 課　徐晓毅
第 3 課　郭书清
第 4 課　颜纯卿
第 5 課　王植尧
第 6 課　高剑
第 7 課　胡家瑞
第 8 課　麦平海
第 9 課　邹洪波
第 10 課　相原茂
第 11 課　张言哲
第 12 課　黄绍良
第 13 課　张鹤芳
第 14 課　马开军
第 15 課　相原茂
第 16 課　徐建
第 17 課　邝德刚
第 18 課　方华琪
第 19 課　不明
第 20 課　相原茂
　　　　　陈艳明（p.131）

第一课

Dì yī kè

発音

　中国語は日本人にもなじみ深い「漢字」で書き表される．漢字は目で理解するにはよいが，肝心の音をはっきりと示してはくれない．音を表すために，表音文字のローマ字を使う．これをピンインという．

1 声調

CD-01

ā　á　ǎ　à

第一声	高く平ら	mā［妈］
第二声	急激に上昇	má［麻］
第三声	低くおさえる	mǎ［马］
第四声	急激に下降	mà［骂］
軽声	軽く短く	māma［妈妈］

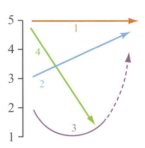

 こうして発声 ── 力の入れ所・抜き所

第1声　　第2声　　第3声　　第4声

CD-02

練 習

Māma　mà　mǎ.
妈妈　　骂　　马。
　S　　　V　　O

10

2 単母音　　　CD-03

   口を大きくあけて舌を下げ，明るく「アー」を出す．

   日本語の「オ」よりも唇をまるく突き出して発音する．

e   oの発音から唇のまるめをとり（舌の位置はそのままで），口をやや左右に開き，のどの奥で「ウ」と言うつもりで．

i   子供が「イーッ！」と言う時の「イ」．唇を左右にひく．

u   日本語の「ウ」よりも思いきって唇をまるくつきだし，口の奥から声を出す．

ü   上のuをいう唇の形をして，「イ」を言う．横笛を吹く時の口の形．

er   aの口の形をして，上で学んだeを言い，同時に舌先をヒョイとそり上げる．「アル」と二つの音に分かれぬよう．

練 習　　　CD-04

a — ā á ǎ à	i — yī yí yǐ yì
o — ō ó ǒ ò	u — wū wú wǔ wù
e — ē é ě è	ü — yū yú yǔ yù
er — ēr ér ěr èr	
〈広い〉	〈狭い⇒書き換え〉

第一課

11

3 複母音　　　　　　　　　　　　　　　　　　　　　CD-05

ai とか ei のように，母音が二つ以上連なっているもの．いずれも「なめらかに」発音する．

	a	o	e	ai	ei	ao	ou
i	ia	／	ie	／	／	iao	iou
u	ua	uo	／	uai	uei	／	／
ü	／	／	üe	／	／	／	／

🌱 三つのタイプ　　　　　　　　　　　　　　　　CD-06

>型（しりすぼみ型）　　ai　ei　ao　ou

初めの音が口の開きが大きく，後が小さい

a　　i

<型（発展型）　　ia　ie　ua　uo　üe

初めの音が口の開きが小さく，後が大きい

i　　a

◇型（ひしもち型）　　iao　iou　uai　uei

◇型は，<型と>型が合体した型

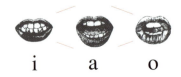
i　a　o

CD-07

練 習

ai	āi	ái	ǎi	ài
ei	ēi	éi	ěi	èi
ao	āo	áo	ǎo	ào
ou	ōu	óu	ǒu	òu
ia	yā	yá	yǎ	yà
ie	yē	yé	yě	yè
iao	yāo	yáo	yǎo	yào
iou	yōu	yóu	yǒu	yòu
ua	wā	wá	wǎ	wà
uo	wō	wó	wǒ	wò
uai	wāi	wái	wǎi	wài
uei	wēi	wéi	wěi	wèi
üe	yuē	yué	yuě	yuè

i, u, ü ではじまる音節は書き換える

🍃 もうこんなに言える —— 発音できる単語　　CD-08

wǒ	ài	nǐ	
我   +   爱   +   你   =   我爱你。
わたし	愛する	あなた	私はあなたを愛する.

声調記号をどこにつけるか

1) a があればのがさずに,　→ māo　guǎi
2) a がなければ, e か o をさがし,　→ xué　duō
3) i, u が並べば後ろにつけて,　→ jiǔ　huì
4) 母音一つは迷わずに.　→ tì　lǜ

　なお, i につける時は上の点をとって yī, yí, yǐ, yì のように.

練習問題

1 まず順番に発音します．次にどれか一つを発音します．それを___に書きなさい．

1) ā á ǎ à _____   2) ō ó ǒ ò _____

3) ē é ě è _____   4) yī yí yǐ yì _____

5) wū wú wǔ wù _____   6) yū yú yǔ yù _____

7) ēr ér ěr èr _____   8) mā má mǎ mà _____

2 発音を聞いて，声調記号をつけなさい．

1) a   2) o   3) e   4) yi   5) wu   6) yu   7) er

3 単母音を発音します．声調記号もつけて書き取りなさい．

1) ____ 2) ____ 3) ____ 4) ____ 5) ____ 6) ____ 7) ____

4 まず順番に発音します．次にどれか一つを発音します．それを___に書きなさい．

1) āi ái ǎi ài _____   2) ēi éi ěi èi _____

3) āo áo ǎo ào _____   4) ōu óu ǒu òu _____

5) yā yá yǎ yà _____   6) yē yé yě yè _____

7) wā wá wǎ wà _____   8) wō wó wǒ wò _____

9) yuē yué yuě yuè _____   10) yāo yáo yǎo yào _____

11) yōu yóu yǒu yòu _____　　12) wāi wái wǎi wài _____

13) wēi wéi wěi wèi _____

5 発音を聞いて，声調記号をつけなさい．

1) ai　　2) ei　　3) ao　　4) ou　　5) ya　　6) ye　　7) wa

8) wo　　9) yue　　10) yao　　11) you　　12) wai　　13) wei

6 複母音を発音します．声調記号もつけて書き取りなさい．

1) ____　2) ____　3) ____　4) ____　5) ____　6) ____　7) ____

7 発音を聞いてピンインに直しなさい．

1) 一月_____　　2) 友谊_____

3) 外语_____　　4) 我爱你_____

日本では花火は夏の風物詩だが，中国では冬のものである．特に春節（旧正月）には夜空を盛大にいろどる．

第二課　Dì èr kè

.... 発音

漢字は1字が1音節になっている．下の絵は中国語の音節怪獣「アクハシ」．頭の部分を「声母」といい，首から下を「韻母」という．この課では「声母」，すなわち音節のアタマにくる子音を学ぶ．

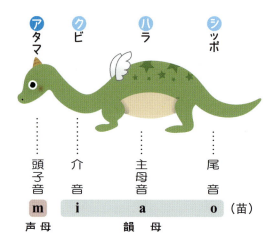

1 声母表　　　　　　　　　　　　　　　　　　　　　　　　CD-09

	〈無気音〉	〈有気音〉	〈鼻音〉	〈摩擦音〉	〈有声音〉
唇　音	b (o)	p (o)	m (o)	f (o)	
舌尖音	d (e)	t (e)	n (e)		l (e)
舌根音	g (e)	k (e)		h (e)	
舌面音	j (i)	q (i)		x (i)	
そり舌音	zh (i)	ch (i)		sh (i)	r (i)
舌歯音	z (i)	c (i)		s (i)	

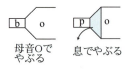

母音oで　　息でやぶる
やぶる

16

2 無気音と有気音　　　CD-10

b	—	p	bo	po	ba	pa	bao	pao
d	—	t	de	te	da	ta	duo	tuo
g	—	k	ge	ke	gu	ku	gai	kai
j	—	q	ji	qi	ju	qu	jue	que
z	—	c	zi	ci	ze	ce	zao	cao

👉 ü が j, q, x の直後に続く時は，ü の上の¨をとって u にする．なお単独では yu と書く．

3 そり舌音　　　CD-11

zh (i) —— ch (i)

舌先で上の歯茎をなぞり上げる．硬いところの少し上に，やや深く落ちこんでいるところがある．その境目辺りに舌先を突っかい棒をするようにあてがい，

zh は無気音，息を抑えるように「ヂ」
ch は有気音で，息を強く出して「チ」

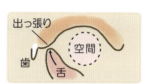

sh (i) —— r (i)

そり上げた舌を歯茎につけず，少しすき間を残し，そこから息を通す．その時，声帯（のど）を振動させなければ sh「シ」，いきなり声を出して声帯をふるわせれば r「リ」．

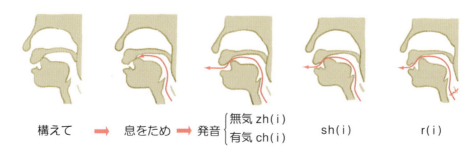

構えて　➡　息をため　➡　発音｛無気 zh(i) / 有気 ch(i)｝　sh(i)　r(i)

CD-12

練習(1)

zhī	zhí	zhǐ	zhì	……	zhǐ	［纸］	紙
chī	chí	chǐ	chì	……	chī	［吃］	食べる
shī	shí	shǐ	shì	……	shì	［是］	〜である
rī	rí	rǐ	rì	……	rì	［日］	日

CD-13

練習(2)

| zá［杂］ | zǐ［子］ | cā［擦］ | cǎo［草］ | sū［苏］ | lì［力］ |
| zhá［闸］ | zhǐ［纸］ | chā［插］ | chǎo［炒］ | shū［书］ | rì［日］ |

＊上下で練習．下は舌が立っていることを確認．

4 消える o と e

複母音の iou, uei が声母と結合して音節を作ると，iᵒu, uᵉi のように，まん中の母音が弱くなる（ただし，第 3 声の時はわりあい明瞭に聞こえる）．このため，次のように o や e を省略して綴る．

l ＋ iou → liu　　j ＋ iou → jiu　〈消える o〉

t ＋ uei → tui　　h ＋ uei → hui　〈消える e〉

CD-14

練 習

liū	liú	liǔ	liù	……	liù	［六］	六
jiū	jiú	jiǔ	jiù	……	jiǔ	［九］	九
duī	duí	duǐ	duì	……	duì	［对］	正しい
huī	huí	huǐ	huì	……	huí	［回］	帰る

5 同じ i でも違う音　　CD-15

三つの i
- ji　qi　xi　……　［i］するどい i
- zhi　chi　shi　ri　……　［ɿ］こもった i
- zi　ci　si　……　［ɿ］平口の i

◆ **中国語の音節構造**

音節は大きく「声母」と「韻母」の二つに分けることができる．「声母」とは音節の頭についている子音．「韻母」は残りの，母音を含む部分．

「韻母」のところは少し複雑で，これを「介音」「主母音」「尾音」の三つに分けることができる．

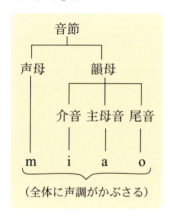

左の図では miao とすべての要素が揃っている．

しかし，常にすべての要素が揃うわけではない．下の表では，1は主母音のみ，2は声母と主母音のみ，3はそれに介音がついている．4は介音がなく尾音が加わっている．5に至ってはじめてすべての要素が揃っている．しかし，いずれの場合も主母音は欠かせない．

	声母（頭子音）	韻母			声調	音節	意味
		介音	主母音	尾音			
1			e		ˋ	è〔饿〕	空腹だ
2	m		a		ˇ	mǎ〔马〕	うま
3	m	i	e		ˋ	miè〔灭〕	消える
4	m		a	o	ˉ	māo〔猫〕	ねこ
5	m	i	a	o	ˊ	miáo〔苗〕	なえ

練習問題

1 どちらか一方を発音します．読まれた方を＿＿に書きなさい．

1) bō ↔ pō ＿＿＿　　2) dē ↔ tē ＿＿＿　　3) gē ↔ kē ＿＿＿

4) jī ↔ qī ＿＿＿　　5) zhī ↔ chī ＿＿＿　　6) zī ↔ cī ＿＿＿

2 まず順番に発音します．次にどちらかを発音します．それを＿＿に書きなさい．

1) zài　cài　＿＿＿＿　　　　2) bǎo　pǎo　＿＿＿＿

3) duō　tuō　＿＿＿＿　　　　4) jià　xià　＿＿＿＿

5) zǒu　sǒu　＿＿＿＿　　　　6) guā　huā　＿＿＿＿

7) zū　cū　＿＿＿＿　　　　　8) qù　jù　＿＿＿＿

9) xǔ　xǐ　＿＿＿＿　　　　　10) qī　chī　＿＿＿＿

3 まず順番に発音します．次にどれか一つを発音します．それを＿＿に書きなさい．

1) gāi　cāi　zāi　＿＿＿＿＿

2) xī　shī　rī　＿＿＿＿＿

3) shù　chù　qù　＿＿＿＿＿

4) xiǎo　shǎo　zhǎo　＿＿＿＿＿

5) fēi　hēi　huī　＿＿＿＿＿

4 発音を聞いて空欄に子音を書き入れ，声調記号もつけなさい．

1) ＿＿ao　　2) ＿＿ei　　3) ＿＿e　　4) ＿＿ai

5) ＿＿u　　6) ＿＿a　　7) ＿＿i　　8) ＿＿ou

9) ＿＿ia　　10) ＿＿iu　　11) ＿＿ui　　12) ＿＿ü

5 1から10までの数を発音します．発音を聞いて声調記号をつけなさい．

一 yi　　二 er　　三 san　　四 si　　五 wu

六 liu　　七 qi　　八 ba　　九 jiu　　十 shi

巨大な広告．
人物の目線の先に通行人．

第三课
Dì sān kè

発音

中国語の韻母には -n や -ng で終わるものがある．例えば，xīn（新）と xīng（星）ではまったく別の語になる．日本語は，-n か -ng かを区別しないが，例えば「アンナイ（案内）」では n が，「アンガイ（案外）」では ng が実際の発音ではあらわれている．口の中の舌の位置に思いを馳せてみよう．

1 鼻音 (-n, -ng) を伴う母音

CD-16

〈介音〉					
ゼロ	an	en	ang	eng	ong
i	ian (yan)	in (yin)	iang (yang)	ing (ying)	iong (yong)
u	uan (wan)	uen (wen)	uang (wang)	ueng (weng)	
ü	üan (yuan)	ün (yun)			

（　）内は前に子音がつかない時の表記

◆ an と ang

an

ang

　n は舌を上の歯茎に押しつけるようにし，ng は最後は口を開けたまま舌先はどこにもつけない．ng は文字では2つだが，[ŋ] という一音だ．母音 a の違いにも気をつけたい．an のときは前寄りの [a] だ．対して ang のときは後寄りの [ɑ] になる．

◆ a 系列と e 系列　　　　　　　　　　　　　　　　　　　　　　CD-17

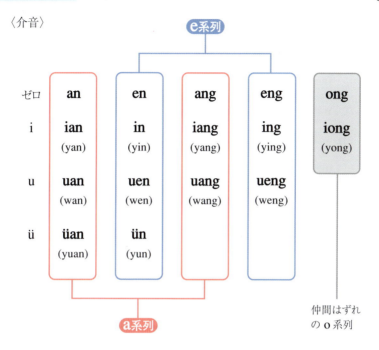

◆ ふぞろいな e 系列の秘密

〈介音〉

ゼロ	en	eng
i	i<u>e</u>n △	i<u>e</u>ng △
u	uen	ueng
ü	ü<u>e</u>n △	

e 系列と言うのに，e の音が含まれていないものがあります．しかし本当は e がかくれているのです．

左のように考えると，きれいな e の体系ができました．これで a 系列と対等です．

CD-18

早口ことば

Zhēn lěng, zhēn lěng, zhēnzhèng lěng,
真 冷, 真 冷, 真 正 冷,

měng de yí zhèn fēng, gèng lěng.
猛 的 一 阵 风, 更 冷.

23

練 習

1) an —— ang

 bān ［班］ bāng ［帮］

 fàn ［饭］ fàng ［放］

 wán ［完］ wáng ［王］

2) en —— eng

 mén ［门］ méng ［盟］

 fēn ［分］ fēng ［风］

 wēn ［温］ wēng ［翁］

3) in —— ing

 yīn ［因］ yīng ［英］

 mín ［民］ míng ［明］

 xìn ［信］ xìng ［姓］

4) ian —— iang

 yán ［言］ yáng ［羊］

 qián ［钱］ qiáng ［强］

 xiān ［先］ xiāng ［香］

-n か -ng か？

 -n で終わるのか -ng で終わるのか迷うことがありますが，次のような対応関係を知っておくと便利です．

  中国語で　-n　→　日本語漢字音で「－ン」で終わる
     例：山 shān —— サン　　前 qián —— ゼン

  中国語で　-ng　→　日本語漢字音で「－ウ」または「－イ」で終わる
     例：送 sòng —— ソウ　　英 yīng —— エイ

2 またしても消える e

uen が声母に続く場合，uᵉn のようにまん中の母音が弱くなる．このためローマ字綴りでは，次のように，e が消える．

k ＋ uen → kun   c ＋ uen → cun 〈消える e〉

CD-20

練習(1)

kūn　　kún　　kǔn　　kùn　……　困 kùn（ねむい）

cūn　　cún　　cǔn　　cùn　……　存 cún（たくわえる）

3 e のヴァリエーション

CD-21

e はあいまいな性格の音．だれと相棒を組むかで音色が変わる．大きく３つに分けて覚える．

e₁　単独であらわれるか，頭子音と結合する．腰のつぼを押され「痛キモチイイ！e」．"饿" è　"歌" gē

e₂　母音と組むと「ハッキリ e」になる．組む母音はすべて前寄りだから，それに引きずられ前寄りになる．"给" gěi　"学" xué

e₃　"的" de や "了" le のような軽声では，e のあいまいな性格に拍車がかかり，ぼんやり「ゆるんだ e」になる．"的" de　"了" le

-n や -ng と結合した時も同様で，e₁「痛きもちイイ！e」だが，-n は前寄りだから，ややはっきり．

e₄　跟 gēn　什么 shénme

-ng は後寄りだから，ややこもった音．

e₅　风 fēng　朋友 péngyou

-n と -ng では大違い

1) fàn 饭　　　（ご飯）　　　fàng 放　　　（置く）
2) yànzi 燕子　（つばめ）　　yàngzi 样子　（様子）
3) qián 钱　　（お金）　　　qiáng 强　　　（強い）
4) rénshēn 人参（朝鮮人参）　rénshēng 人生（人生）

練習問題

1 どちらか一方を発音します．読まれた方を____に書きなさい．

1) an　en　____　　2) en　eng　____　　3) in　ün　____

4) an　ang　____　　5) eng　ong　____　　6) ian　iang　____

7) uan　uen　____　　8) in　ing　____　　9) uan　üan　____

2 まず両方を発音します．次にどちらか一方を発音します．読まれた方を____に書きなさい．

1)　shān　［山］やま　　　shāng　［伤］きず　　　____

2)　yán　［盐］しお　　　yáng　［羊］ひつじ　　　____

3)　fēn　［分］分　　　fēng　［风］風　　　____

4)　xìn　［信］手紙　　　xìng　［姓］姓　　　____

3 発音を聞いて 10 以上の数字を読んでみましょう．次に数字を一つ発音します．読まれたものに○をつけなさい．

1)　十一　　十二　　十三　　十四　　十五
　　shíyī　shí'èr　shísān　shísì　shíwǔ

2)　十六　　十七　　十八　　十九　　二十
　　shíliù　shíqī　shíbā　shíjiǔ　èrshí

3)　二十一　　二十二　　二十三　　三十　　四十　　五十
　　èrshiyī　èrshi'èr　èrshisān　sānshí　sìshí　wǔshí

4)　六十　　七十　　八十　　九十　　九十九　　一百
　　liùshí　qīshí　bāshí　jiǔshí　jiǔshijiǔ　yìbǎi

4 発音を聞いて空欄に n か ng を伴う母音を書き入れなさい．

1) zh_____［镇］　　2) d_____［顶］　　3) sh_____［生］

4) x_____［线］　　5) g_____［港］　　6) s_____［酸］

5 おなじみの中国語，発音を聞いて声調記号をつけなさい．

1) 乌龙茶　　2) 炒饭　　3) 汤面　　4) 棒棒鸡

wulongcha　　chaofan　　tangmian　　bangbangji

街中で行われる野外コンサート．新しくオープンした店などが客寄せのために行ったりする．

Dì sì kè

第四课

発音

CD-22

Nǐ hǎo. ［你好］
こんにちは.

Nǐmen hǎo. ［你们好］
みなさんこんにちは.

Nǐ lái le. ［你来了］
いらっしゃい.

Qǐngwèn. ［请问］
おうかがいしますが.

Xièxie. ［谢谢］
ありがとう.

Bú xiè. ［不谢］
どういたしまして.

Zàijiàn. ［再见］
さようなら.

1 第3声＋第3声 → 第2声＋第3声   CD-23

nǐ　hǎo
你　好

yǒuhǎo
友好

shǒubiǎo
手表

変調しても，声調記号はもとの3声のままにしておく.

28

2 bù [不] の声調変化　　　CD-24

否定を表す bù [不] は本来第4声であるが，後に第4声が来ると，bù は第2声に変化する．声調記号も変化した第2声のマークをつけるのがふつう．

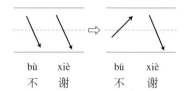

練習　　　CD-25

bù + 第1声：bù hē　　［不喝］飲まない
bù + 第2声：bù lái　　［不来］来ない　　　変化しない
bù + 第3声：bù mǎi　　［不买］買わない

bù + 第4声：bú pà　　［不怕］こわくない　→ 第2声に変化

3 yī [一] の声調変化　　　CD-26

yī [一] は本来第1声 yī であるが，以下のように声調変化を起こす．

yī + 第1声：yìqiān　　［一千］
yī + 第2声：yì nián　　［一年］　→ yì（第4声に）
yī + 第3声：yìbǎi　　［一百］

このように第4声となる．ところが後ろに第4声がくると，

yī + 第4声：yíwàn　　［一万］　→ yí（第2声に）

序数を表す時は本来の声調 yī が普通：yīyuè［一月］
後に何も続かぬ時も本来の声調 yī：tǒngyī［统一］

後に何か続いても，［一］が前の単位に属するのであれば本来の声調 yī：
tǒngyī zhànxiàn［［统一］战线］　　shíyī suì［［十一］岁］

4 軽声　　　　　　　　　　　　　　　　　　　　　　　　CD-27

軽声はそれ自体に決まった高さがなく，前の音節に続けて軽くそえる．

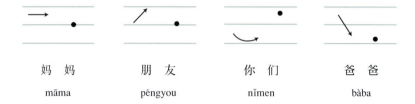

妈 妈	朋 友	你 们	爸 爸
māma	péngyou	nǐmen	bàba

5 声調の組み合せ　　　　　　　　　　　　　　　　　　CD-28

二つの音節が合わさると，その声調パターンは全部で 20 通り．

	1	2	3	4	0
1	māmā	māmá	māmǎ	māmà	māma
2	mámā	mámá	mámǎ	mámà	máma
3	mǎmā	mǎmá	mǎmǎ	mǎmà	mǎma
4	màmā	màmá	màmǎ	màmà	màma

◆ **声母表**……忘れていませんか

	〈無気音〉	〈有気音〉	〈鼻音〉	〈摩擦音〉	〈有声音〉
唇　音	b (o)	p (o)	m (o)	f (o)	
舌尖音	d (e)	t (e)	n (e)		l (e)
舌根音	g (e)	k (e)		h (e)	
舌面音	j (i)	q (i)		x (i)	
そり舌音	zh (i)	ch (i)		sh (i)	r (i)
舌歯音	z (i)	c (i)		s (i)	

CD-29

練 習

具体的な名詞で声調パターンを練習しよう．

	-1	-2	-3	-4	-0
1-	Dōngjīng 东京	Zhōngguó 中国	hēibǎn 黑板	yīnyuè 音乐	māma 妈妈
2-	fángjiān 房间	rénmín 人民	píngguǒ 苹果	xuéxiào 学校	péngyou 朋友
3-	Běijīng 北京	zǔguó 祖国	shǒubiǎo 手表	tǐyù 体育	jiǎozi 饺子
4-	miànbāo 面包	dìtú 地图	Rìběn 日本	jiàoshì 教室	bàba 爸爸

音乐＝音楽　房间＝部屋　苹果＝リンゴ　手表＝腕時計
饺子＝ギョウザ　面包＝パン　地图＝地図　爸爸＝お父さん

6 隔音マーク [']　CD-30

次の音節が a, o, e ではじまる場合，前の音節との区切りとしてつける．

Xī'ān（西安）　　Běi'ōu（北欧）　　nǚ'ér（女儿）

7 r 化　CD-31

音節の末尾で舌をそり上げる．

	huàr	táor	chàng gēr	
①	画儿	桃儿	唱歌儿	（変化なし）

	wánr	guǎiwānr	yìdiǎnr	
②	玩儿	拐弯儿	一点儿	（-n 脱落）

	xiǎoháir	gàir	wèir	
③	小孩儿	盖儿	味儿	（複母音の -i 脱落）

	yǒu kòngr	xìnfēngr	diànyǐngr	
④	有空儿	信封儿	电影儿	（鼻音化）

1 発音を聞いて声調記号をつけなさい．

1) mama　　2) mama　　3) mama　　4) mama

5) mama　　6) mama　　7) mama　　8) mama

2 発音を聞いて次の単語に声調記号をつけなさい．

1) Zhongguo
中国

2) Riben
日本

3) Meiguo
美国

4) Yingguo
英国

5) Beijing
北京

6) Dongjing
东京

3 人名を読みます．発音を聞き，声調記号をつけなさい．

1) 孙 明　　Sun Ming

2) 高桥 理惠　Gaoqiao Lihui

上海の株式市場．中国では株に投資する人の9割が一般庶民と言われる．

4 発音を聞いて軽声や"不"と"一"の声調変化に注意して声調記号をつけなさい．

1) ⓐ baba　　　ⓑ mama　　　ⓒ pengyou　　ⓓ women
　　（爸爸）　　（妈妈）　　（朋友）　　　（我们）

2) ⓐ bu he　　　ⓑ bu qu　　　ⓒ bu lai　　　ⓓ bu mai
　　（不喝）　　（不去）　　（不来）　　　（不买）

3) ⓐ yiwan　　　ⓑ yibai　　　ⓒ yi nian　　ⓓ yiqian
　　（一万）　　（一百）　　（一年）　　　（一千）

4) ⓐ yiyue　　　ⓑ shiyi sui　ⓒ tongyi　　　ⓓ di yi ke
　　（一月）　　（十一岁）　　（统一）　　　（第一课）

5 発音を聞いて声調記号をつけなさい．それを漢字に直し，日本語の意味も書きなさい．

1) Ni hao.　　_____　　..............................

2) Nimen hao.　_____　　..............................

3) Qingwen.　　_____　　..............................

4) Xiexie.　　_____　　..............................

5) Bu xie.　　_____　　..............................

6) Zaijian.　　_____　　..............................

第四課

33

教室用語 ⑯ CD-32

(1)	开始上课。	Kāishǐ shàngkè.	授業を始めます.
(2)	你们好！	Nǐmen hǎo!	みなさんこんにちは.
(3)	老师好！	Lǎoshī hǎo!	先生こんにちは.
(4)	点名。	Diǎnmíng.	出席をとります.
(5)	到。	Dào.	はい.
(6)	请打开书。	Qǐng dǎkāi shū.	本を開いてください.
(7)	请看黑板。	Qǐng kàn hēibǎn.	黒板を見てください.
(8)	请跟我念。	Qǐng gēn wǒ niàn.	わたしについて読んでください.
(9)	请再说一遍。	Qǐng zài shuō yí biàn.	もう一度言ってください.
(10)	请回答问题。	Qǐng huídá wèntí.	質問に答えてください.
(11)	懂了吗？	Dǒng le ma?	わかりましたか？
(12)	懂了。	Dǒng le.	わかりました.
(13)	不懂。	Bù dǒng.	わかりません.
(14)	有问题吗？	Yǒu wèntí ma?	質問ありますか？
(15)	今天的课就到这儿。	Jīntiān de kè jiù dào zhèr.	今日の授業はここまで.
(16)	同学们，再见。	Tóngxuémen, zàijiàn.	みなさん，さようなら.

中国語学習のための 基礎知識 / 簡体字のはなし

中国語はわたしたちにもなじみの深い漢字で書き表されます．

しかし，まったく同じかというと，そうでもありません．ところどころ日本の漢字とは形が違います．これは簡体字（"简体字"）と呼ばれ，簡略化された文字です．すっきり単純になり，読みやすく，書きやすく，覚えやすくなりました．これは俗字や略字ではなく，中国語を表記する正式な字体です．

中国では 1955 年，漢字の改革，すなわち文字改革がすすめられ，異体字の整理や漢字の簡略化が行われました．その結果が，みなさんが今学んでいるような中国の漢字（簡体字）による正書法なのです．

漢字簡略化の方式

(1) もとの字形の一部を残す
　　虫〔蟲〕　灭〔滅〕　亩〔畝〕　习〔習〕　丽〔麗〕

(2) もとの字形の特徴や輪郭を残す
　　飞〔飛〕　齐〔齊〕　夺〔奪〕　齿〔齒〕

(3) 草書体の楷書化
　　书〔書〕　东〔東〕　长〔長〕　为〔爲〕　乐〔樂〕

(4) 複雑な偏旁を単純な符号化する
　　师〔師〕　归〔歸〕　难〔難〕　邓〔鄧〕　观〔觀〕

(5) 同音の字で代替する
　　丑〔醜〕　谷〔穀〕　迁〔遷〕　后〔後〕　出〔齣〕

(6) 会意文字の原理を利用する
　　尘〔塵〕　泪〔涙〕　体〔體〕　灶〔竈〕

(7) 画数の少ない古字，旧体字を採用する
　　尔〔爾〕　礼〔禮〕　云〔雲〕　电〔電〕

(8) 形声文字の原理を利用する
　　肤〔膚〕　护〔護〕　惊〔驚〕　邮〔郵〕

スッキリしたね
學習 → 学习
雜誌 → 杂志
開門 → 开门
烏龜 → 乌龟

こんな意見も
愛 → 爱
没有心，如何爱？

導 → 导
領導者，已無道。

● どこが違う？●

日本の漢字と中国の"简体字"では，形のはっきり違う「書」と"书"，「機」と"机"などのほかに，一見同じに見えるものや，よく似た形のものがあります．

日本：圧　団　差　浅　角　歩　骨　敢　免　収　牙　強　効　巻　鼻
中国：压　团　差　浅　角　步　骨　敢　免　收　牙　强　效　卷　鼻

中国語学習のための 基礎知識

中国とはどんな国？

基本情報

国家名称	中華人民共和国
建国年月	1949年10月1日（10月1日を国慶節という）
面　　積	959.7万km^2（世界第3位，日本の約26倍）
人　　口	約13億7462万人（2015年現在，世界第1位）
社会体制	社会主義体制
国家主席	習近平（兼党総書記）
議　　会	全国人民代表大会
政　　府	首相：李克強（国務院総理），外相：王毅（外交部長）
行政区分	22省（他に台湾），5自治区，4直轄市（北京・天津・上海・重慶），2特別行政区（香港・マカオ）
首　　都	北京（約800年の歴史）
民　　族	漢民族（総人口の92%），及び55の少数民族
主要言語	中国語（"漢語"という）
通　　貨	元：1元＝約15円（2016年現在）

国旗 guóqí（国旗）

国徽 guóhuī（国章）

中国全図

第五课 Dì wǔ kè

どうぞよろしく

いぶこみフォトログ

首を長くし，エサを待つ "鸭" yā（アヒル）.

CD-33

単語

你好	nǐ hǎo	挨拶 こんにちは.（一日中使える）.
你	nǐ	代 あなた.（相手を指す）.
是	shì	動 〜である.（話し手の判断を表す）.
日本人	Rìběnrén	固 日本人.
吗	ma	助 〜か.（文末に用いられ疑問の意味を表す）.
对	duì	形 そのとおりだ. そうです. 正しい.
我	wǒ	代 私.
中国人	Zhōngguórén	固 中国人.
请多关照	qǐng duō guānzhào	挨拶 どうぞよろしく.
孙明	Sūn Míng	固 孫明（中国人の名前. 孫→姓，明→名）.
高桥	Gāoqiáo	固 高橋（日本人の名字）.

本文

CD-34
CD-35

孙明: 你 好！
Sūn Míng　Nǐ　hǎo!

高桥: 你 好！
Gāoqiáo　Nǐ　hǎo!

孙明: 你 是 日本人 吗？
　　　Nǐ　shì　Rìběnrén　ma?

高桥: 对，我 是 日本人。你 是……？
　　　Duì,　wǒ　shì　Rìběnrén.　Nǐ　shì……?

孙明: 我 是 中国人。
　　　Wǒ　shì　Zhōngguórén.

高桥: 请 多 关照。
　　　Qǐng　duō　guānzhào.

「はじめまして，どうぞよろしく」は日本人がよく言う挨拶．これを中国語に訳した"初次见面，请多关照"Chūcì jiànmiàn, qǐng duō guānzhào. は，やはり日本人が口にする．母語が影響している．

文法メモ

1. **人称代名詞**
   "我"wǒ　"你"nǐ　など．

2. **挨拶ことば**
   "你好"nǐ hǎo
   "请多关照"qǐng duō guānzhào　など．

3. **"是" shì**
   動詞の"是"「＝」イコールの役目．「～である」
   数や時制による変化なし．
   副詞の"不"＋"是"
   　→否定の意を表す．「～ではない」

4. **"吗" ma**
   「～か？」疑問を表す．
   平叙文の文末につけ，肯定か否定かを問う．

第五課

39

文法ポイント

1 人称代名詞

	単数	複数	疑問代名詞
一人称	我 wǒ （私）	我们 wǒmen （私たち） 咱们 zánmen （私たち）*1	谁 shéi (shuí) （だれ）
二人称	你 nǐ （あなた） 您 nín （あなたさま）	你们 nǐmen （あなたたち）	
三人称	他 tā （彼） 她 tā （彼女） 它 tā （それ．あれ）*2	他们 tāmen （彼ら） 她们 tāmen （彼女たち） 它们 tāmen （それら．あれら）	

*1 聞き手も含めた私たち　　*2 人間以外の動物・物を指す

2 挨拶ことば ── 你好！请多关照。

> 你好！　　　Nǐ hǎo!　　　　　　　こんにちは（朝昼晩すべて使える）
> 请多关照。　Qǐng duō guānzhào.　　どうぞよろしく

> 谢谢！　　Xièxie!　　ありがとう　　──不客气！　Bú kèqi!　　どういたしまして
> 对不起！　Duìbuqǐ!　ごめんなさい　　──没关系！　Méi guānxi!　大丈夫です
> 再见！　　Zàijiàn!　さようなら　　──再见！　　Zàijiàn!　　さようなら

ソクレン！ソクレン！

1 次の語を中国語に直し＿＿にピンイン，（　）に漢字を書きなさい．

(1) 私　＿＿＿＿（　　　）　(2) あなた　＿＿＿＿（　　　）
(3) 彼　＿＿＿＿（　　　）　(4) 彼女　　＿＿＿＿（　　　）
(5) 私たち　＿＿＿＿（　　　）　(6) あなたたち　＿＿＿＿（　　　）

2 発音を聞いて＿＿にピンイン，（　）に漢字を書きなさい．

(1) ＿＿＿＿（　　　）　(2) ＿＿＿＿（　　　）
(3) ＿＿＿＿（　　　）　(4) ＿＿＿＿（　　　）

3 "是" shì —— *我是日本人。*

"是"は「～である」．前後のことがらを結びつける．数や時制による変化はない．

> 我是日本人。　　Wǒ shì Rìběnrén.
> 他是中国人。　　Tā shì Zhōngguórén.

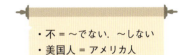
・不 = ～でない．～しない
・美国人 = アメリカ人

否定のときは副詞の"不"bù を"是"の前に置く．

> 她不是美国人。　　Tā bú shì Měiguórén.
> （"不"bù は本来第4声であるが，後ろにも第4声が来ると，第2声に変調する）

 4 "吗" ma —— *你是日本人吗？*

肯定か否定かの答えを求めるときは，文末に"吗"をつけて疑問文にする．

> 你是学生吗？　　Nǐ shì xuésheng ma?
> 　　——我是学生。Wǒ shì xuésheng.

> 她是老师吗？　　Tā shì lǎoshī ma?
> 　　——她不是老师，是学生。Tā bú shì lǎoshī, shì xuésheng.

・学生 = 学生
・老师 = 先生

即練習!!

3 次のピンインを漢字に直しなさい．

(1) Wǒmen shì Rìběnrén.　　（　　　　　　　　　）
(2) Wǒ bú shì Zhōngguórén.　（　　　　　　　　　）
(3) Nǐmen shì Měiguórén.　　（　　　　　　　　　）

4 次の質問の答えをピンインで書きなさい．

(1) Nǐ shì xuésheng ma?
(2) Nǐ shì lǎoshī ma?
(3) Lǎoshī shì Zhōngguórén ma?

会話練習

1 いろいろな国の人

● イラストを見ながら下線部を他の語に置き換えて練習してみましょう.

A 我是<u>中国人</u>。你是……?　　Wǒ shì <u>Zhōngguórén</u>. Nǐ shì……?

B 我是<u>日本人</u>。　　Wǒ shì <u>Rìběnrén</u>.

こんなに違う 日中同形異義語

"女足"は女子サッカー

同じような漢字で書かれている語が，日中の間で必ずしも同じ意味を表すとは限らない。よく言われるものに，"手纸"shǒuzhǐ は手紙に非ず，トイレットペーパーのこと。"汽车"qìchē は汽車にあらず，自動車のこと。"女足"nǚzú は「女の足」ではなく女子サッカーのこと。これは"女子足球"nǚzǐ zúqiú の略だ。"走"zǒu は「走る」でなく「歩く」である。中国語をやる以上は，同じ漢字で書かれていても異なる意味，つまり日中同形異義語があることを心得ておきたい。

会話練習

2 学校で

大学生（大学生）dàxuéshēng
小学生（小学生）xiǎoxuéshēng
初中生（中学生）chūzhōngshēng
高中生（高校生）gāozhōngshēng

● イラストを見ながら下線部を他の語に置き換えて練習してみましょう．

A　他／她是<u>学生</u>吗？　　　　Tā shì <u>xuésheng</u> ma?

B　他／她不是<u>学生</u>，是<u>老师</u>。　Tā bú shì <u>xuésheng</u>, shì <u>lǎoshī</u>.

第五課

Ibukomi 16
いぶこみ16景

迷惑

人に迷惑をかけないように，というのは日本の至高のルールだが，中国は違う．お互い人に迷惑をかけながら，助け合って生きていこうとする．迷惑をかける人は親であり，親戚であり，友だちだ．貸しや借りがたくさんあるほど関係は複雑に，緊密になり，離れられない．それがむしろ安心感をもたらす．

第六课 Dì liù kè

お名前は

いぶこみ フォトログ

早春，桃の花が咲くころ，静かに河を渡る小舟．（上下をひっくり返しても絵になる）

単語

CD-38

叫	jiào	動 ～という名前である．～と称する．～と呼ぶ．
什么	shénme	代 何．どのような．
名字	míngzi	名 名前．姓名．
高桥理惠	Gāoqiáo Lǐhuì	固 高橋 理恵．
呢	ne	助 （名詞（句）の後につけて）～は？
姓	xìng	動 ～という姓である．～を姓とする．
孙明	Sūn Míng	固 孫 明．
啊	ā	感 軽い感嘆．応答や気づきを表す．

先生	xiānsheng	名 ～さん．（成人男性に対する呼称）．
小～	xiǎo	接頭 ～君．～さん．（目下の人の姓や名の前につける）．
吧	ba	助 ①～ましょう．～てください．（文末につけて勧誘や命令の語気を表す）．②～でしょう．（同意や承知を表す）③～でしょう．～ですね．（推量の語気を表す）．
那	nà	接 それなら．

课文

孙明： 你 叫 什么 名字？
Nǐ jiào shénme míngzi?

高桥： 我 叫 高桥 理惠。你 呢？
Wǒ jiào Gāoqiáo Lǐhuì. Nǐ ne?

孙明： 我 姓 孙，叫 孙 明。
Wǒ xìng Sūn, jiào Sūn Míng.

高桥： 啊，孙 先生！
Ā, Sūn xiānsheng!

孙明： 叫 我 小孙 吧。
Jiào wǒ Xiǎo-Sūn ba.

高桥： 那，叫 我 理惠 吧。
Nà, jiào wǒ Lǐhuì ba.

いぶこみ×ツッコミ

「わたしを○○と呼んで」は中国式．どう呼んでもらいたいかをストレートに伝えれば，一気に二人の距離が縮まる．

第六課

文法メモ

1. **姓名の言い方**

   "叫" jiào → （名前を含んで）「～という」
   "姓" xìng → （姓を）「～という」

2. **"呢" ne**

   名詞(句) + "呢" →「～は？」

3. **呼びかけのことば**

   "先生" xiānsheng 「～さん」
   "小～" Xiǎo～「～君」「～さん」

4. **"吧" ba**

   勧誘や命令の語気を表したり，推量を表す．
   「～ましょう」「～てください」
   「～でしょう」

文法ポイント

1 姓名の言い方 ── 你叫什么名字？我叫高桥理惠。我姓孙，叫孙明。

姓だけを言うときは"姓"xìng，名のみ，あるいは姓・名両方言うときは"叫"jiào を用いる．

▶ 您贵姓？ Nín guìxìng? ──我姓高桥。 Wǒ xìng Gāoqiáo.

"您贵姓？"は丁寧な言い方．答えは動詞"姓"を用いる．

・贵姓 = ご芳名（名字）
・美惠 = 人名

▶ 他姓什么？ Tā xìng shénme?
　　──他姓孙。 Tā xìng Sūn.

▶ 你叫什么名字？ Nǐ jiào shénme míngzi?
　　──我叫高桥理惠。 Wǒ jiào Gāoqiáo Lǐhuì.

● "叫"は「〜を〜とよぶ」という使い方ができる．（二重目的語がとれる→第18課）
　请叫我美惠。 Qǐng jiào wǒ Měihuì.

2 "呢" ne ── 你呢？

名詞や名詞句の後につけて，どうであるかを問う．「〜は？」

▶ 我叫桥本好惠。你呢？　　Wǒ jiào Qiáoběn Hǎohuì. Nǐ ne?
▶ 我们是大学生。你们呢？　Wǒmen shì dàxuéshēng. Nǐmen ne?

・桥本好惠 = 人名
・大学生 = 大学生

ソクレン！ソクレン！

1 次の文のピンインを書きなさい．

(1) 您贵姓？
(2) 你叫什么名字？
(3) 他姓什么？

2 次の文を中国語に訳しなさい．

(1) 彼は日本人です．あなたは？
(2) 私は高橋と申します．あなたは？
(3) あなたは大学生です．彼女は？

3 呼びかけのことば　—— *孙先生！叫我小孙吧。*

敬意や親しみを表す呼びかけのことば．"先生"xiānsheng "小"xiǎo など．

▎"先生"→成人男性に対する尊称．単独でも呼びかけに用いる．
   ▶ 请问，您是孙明先生吗？ Qǐngwèn, nín shì Sūn Míng xiānsheng ma?

▎"小〜"→目下の人に対する親しみを表す．一音節の姓の前につける．
   ▶ 小李，你好！ Xiǎo-Lǐ, nǐ hǎo!

学校の先生に対しては，
   ▶ 王老师，您好！　Wáng lǎoshī, nín hǎo!

- 请问 = お伺いしますが
- 李 = 李．姓
- 王 = 王．姓

4 "吧" ba　—— *叫我小孙吧。叫我理惠吧。*

文末に置き①勧誘・提案・命令 ②同意・承知 ③疑問・推測の大きく3つの意を表す．

   ▶ 叫我小孙吧。　Jiào wǒ Xiǎo-Sūn ba.　　→ ①
   ▶ 好吧！　　　　Hǎo ba!　　　　　　　　→ ②
   ▶ 您是王先生吧？ Nín shì Wáng xiānsheng ba?　→ ③

- 好 = よろしい．はい

即練習！！

3　次のピンインを漢字に直しなさい．

(1) Sūn xiānsheng, nín hǎo!　　　（　　　　　　　　　）
(2) Xiǎo-Wáng, nǐ hǎo!　　　　　（　　　　　　　　　）
(3) Qǐngwèn, nín shì Wáng lǎoshī ma?　（　　　　　　　）

4　次の文を中国語に訳しなさい．

(1) 私のことを"小王"（王くん）と呼んでください．
(2) （はい），いいでしょう！
(3) あなたは中国人でしょう？

会話練習

I 中国で多い姓ベスト5 (2015年現在)

1. 李（李）Lǐ
2. 王（王）Wáng
3. 张（張）Zhāng
4. 刘（劉）Liú
5. 陈（陳）Chén

● イラストを見ながら下線部を他の語に置き換えて練習してみましょう．

A 他／她姓什么？　　　Tā xìng shénme?

B 他／她姓孙。　　　　Tā xìng Sūn.

こんなに違う 日中同形異義語

"老师" lǎoshī　"老婆" lǎopo　"娘" niáng　"先生" xiānsheng

「先生」のことは中国語で"老师"という．どんなに若くても"老师"だ．そういえば"老婆"は「女房，妻」のこと．どんなに若くてもこう呼ばれる．一方どんなに年をとっていても「お母さん」のことを"娘"と呼んだりするから，本当にわけがわからない．

さて，中国語にも"先生"という語がある．これは「ミスター，～さん」という意味で男性に対する呼びかけに使われる．また"我先生"と言えば「私の旦那さん」という意味になる．自分の先生を「こちらは"我先生"です」なんて紹介しないよう気をつけたい．

会話練習

2 いろいろな職業

● イラストを見ながら下線部を他の語に
置き換えて練習してみましょう．

A 他／她是<u>医生</u>吧？
Tā shì yīshēng ba?

B 不是。他／她是<u>护士</u>。
Bú shì. Tā shì hùshi.

第六課

Ibukomi 16

いぶこみ16景

勤続30年

日本ではひとつの会社に長く勤務し，定年まで働き続けることが誉れになる．会社によっては勤続20年とか30年の表彰制度もある．本人もそれを晴れがましく思う．ところが中国だと，30年間，どこからも引き抜かれなかったダメ男に思われる．日本での誉れが，中国では全く逆の評価になることがある．

第七课 Dì qī kè

ご出身は

いぶこみ フォトログ

古い都市に残る"牌楼"páilou。昆明にある「金馬」とその奥にみえる「碧鶏」．

CD-42

単語

留学生	liúxuéshēng	名	留学生．
这	zhè	代	これ．この．
的	de	助	～の．
名片	míngpiàn	名	名刺．
谢谢	xièxie	挨拶	ありがとう．動 感謝する．
东京人	Dōngjīngrén	固	東京の人．
不	bù	副	①いいえ．いや．（単独で使われて否定の返答を表す）．②～しない．～でない．（動詞・形容詞・副詞の前に用いて，現在・未来の否定の意を表す）．
老家	lǎojiā	名	故郷．
山口	Shānkǒu	固	山口．
北京人	Běijīngrén	固	北京の人．
妈妈	māma	名	お母さん．母．
上海人	Shànghǎirén	固	上海の人．
北京	Běijīng	固	北京．
上海	Shànghǎi	固	上海．
都	dōu	副	全部．みな．
大城市	dà chéngshì	組	大都市．
爸爸	bàba	名	お父さん．父．
做	zuò	動	（ある仕事に）従事する．する．
工作	gōngzuò	名	仕事．動 働く．仕事をする．
老师	lǎoshī	名	先生．教師．
也	yě	副	～も．

50

本文

孙明: 你 是 留学生 吗？
Nǐ shì liúxuéshēng ma?

高桥: 对，这 是 我 的 名片。
Duì, zhè shì wǒ de míngpiàn.

孙明: 谢谢，你 是 东京人 吗？
Xièxie, nǐ shì Dōngjīngrén ma?

高桥: 不，我 老家 是 山口。
Bù, wǒ lǎojiā shì Shānkǒu.

孙明: 我 是 北京人，我 妈妈 是 上海人。
Wǒ shì Běijīngrén, wǒ māma shì Shànghǎirén.

高桥: 北京、上海，都 是 大 城市！
Běijīng、Shànghǎi, dōu shì dà chéngshì!

孙明: 对。你 爸爸 做 什么 工作？
Duì. Nǐ bàba zuò shénme gōngzuò?

高桥: 我 爸爸 是 老师，妈妈 也 是 老师。
Wǒ bàba shì lǎoshī, māma yě shì lǎoshī.

第七課

CD-43
CD-44

中国では，親が何をしているかという情報を知りたがる．それから出身地を聞いてみると大抵近くの大都市を挙げる．日本よりは大都市コンプレックスがある．

文法メモ

1. **指示代名詞「こそあど」**

   日本語の「こそあど」にあたる．
   "这" zhè "那" nà "哪" nǎ など．

2. **"的" de**

   「〜の」
   連体修飾を表す．

3. **"都" dōu と "也" yě**

   動詞・形容詞などの前に置かれる．
   "都"「〜みな」．"也"「〜も」

4. **動詞述語文**

   S（主語）＋ V（動詞）
   S（主語）＋ V（動詞）＋ O（目的語）

51

文法ポイント

1 指示代名詞「こそあど」

近称	遠称	疑問
这 zhè （コレ コノ ソレ ソノ）	那 nà （ソレ ソノ アレ アノ）	哪 nǎ （ドレ ドノ）
这个 zhèige(zhège)	那个 nèige(nàge)	哪个 něige(nǎge)
这儿 zhèr　这里 zhèli （ココ ソコ）	那儿 nàr　那里 nàli （ソコ アソコ）	哪儿 nǎr　哪里 nǎli （ドコ）

- 这是课本。Zhè shì kèběn.
- 那是词典吗？ Nà shì cídiǎn ma?
   ——那不是词典，是参考书。Nà bú shì cídiǎn, shì cānkǎoshū.
- 这是什么？ Zhè shì shénme?
- 我要这个。 Wǒ yào zhèige. （×我要这）

- 课本 = 教科書
- 词典 = 辞書
- 参考书 = 参考書
- 要 = ほしい

2 "的" de ── 这是我的名片。

連体修飾を表す …"的"＋名詞 「～の」

- 这是我的书。　　Zhè shì wǒ de shū.
- 那是谁的手机？　Nà shì shéi de shǒujī?
   ——是小孙的。　Shì Xiǎo-Sūn de.

- 书 = 本
- 谁 = 誰
- 手机 = 携帯電話
- 大学 = 大学
- 外语大学 = 外国語大学

● 修飾する中心語が分かっている場合，中心語を省略できる．
　你是哪个大学的（学生）？ Nǐ shì něige dàxué de (xuésheng)?
　　——我是外语大学的。Wǒ shì Wàiyǔ Dàxué de.

ソクレン！ソクレン！

1 次の漢字をピンインに直しなさい．

(1) 这是参考书。 _____

(2) 那不是词典。 _____

(3) 那是什么？ _____

2 次の語を中国語に訳しなさい．

(1) 彼の携帯電話 _____　(2) あなたの名刺 _____

(3) 孫君の辞書 _____　(4) 中国人の先生 _____

(5) 私たちの大学 _____　(6) 私の母 _____

● "的"の省略　── *我老家 我妈妈 我爸爸*

人称代名詞＋親族／人間関係を表す名詞／所属集団などのとき.

> 你爸爸　nǐ bàba
> 我朋友　wǒ péngyou
> 我家　　wǒ jiā
> 他们大学　tāmen dàxué

- 朋友 = 友だち
- 家 = 家
- 历史 = 歴史
- 汉语 = 中国語

結びつきがつよく熟語化しているもの.

> 日本历史　Rìběn lìshǐ
> 汉语课本　Hànyǔ kèběn
> 中国老师　Zhōngguó lǎoshī
> 日本留学生　Rìběn liúxuéshēng

3　"都" dōu と "也" yě　── *北京、上海，都是大城市！妈妈也是老师。*

> 他们都是中国人。　Tāmen dōu shì Zhōngguórén.
> 我也是学生。　Wǒ yě shì xuésheng.
> 她们也不是留学生。　Tāmen yě bú shì liúxuéshēng.

4　動詞述語文　── *你爸爸做什么工作?*

- 去 = 行く (⇔ "来" lái)
- 说 = 話す
- 学 = 勉強する
- 日语 = 日本語

主語＋動詞（＋目的語）

> 我去北京。Wǒ qù Běijīng.
> 他说日语吗？Tā shuō Rìyǔ ma? ──他不说日语。Tā bù shuō Rìyǔ.
> 你做什么？Nǐ zuò shénme? ──我学汉语。Wǒ xué Hànyǔ.
> 你爸爸做什么工作？Nǐ bàba zuò shénme gōngzuò? →職業を聞く

即練習!!

第七課

---

3 次の文を右の日本語の意味になるように "都" dōu か "也" yě をつけて書きなさい.

(1) 我们是日本人。_____　　私たちはみな日本人です.

(2) 这是手机。_____　　これも携帯電話です.

(3) 她不是中国人。_____　　彼女も中国人ではありません.

4 次の文を中国語に訳しなさい.

(1) 彼女は中国語を話します.　_____

(2) 彼は北京に行きます.　_____

(3) あなたは何をしますか？　_____

1 身の回りの品々

● イラストを見ながら下線部を他の語に置き換えて練習してみましょう．

A 这是什么？
Zhè shì shénme?

B 这是<u>课本</u>。
Zhè shì kèběn.

A 这是谁的？
Zhè shì shéi de?

B 这是<u>我</u>的。
Zhè shì wǒ de.

（他 tā ／ 老师 lǎoshī ／ 我朋友 wǒ péngyou）

こんなに違う 日中同形異義語

"汉语" Hànyǔ　"勉强" miǎnqiǎng　"研究生" yánjiūshēng　"学生" xuésheng

我々が勉強しているのは「中国語」だが，中国には"中国語"という言葉はない．"汉语"という．漢民族の言語という意味だ．他方日本語の「漢語」は漢字音で読まれる熟語を指す．また"勉强"は「勉強」という意味ではなく，「無理にやる」という意味だ．それから大学院生のことを"研究生"と呼ぶ．日本語の「研究生」と違うから要注意だ．さらに中国には「生徒」という語はなく，学校で学ぶ者はすべて"学生"である．

会話練習

2 各種動作その1

● イラストを見ながら下線部を他の語に置き換えて練習してみましょう．

A　你做什么？　　　　Nǐ zuò shénme?

B　我<u>学汉语</u>。　　　Wǒ <u>xué Hànyǔ</u>.

Ibukomi 16

いぶこみ16景

静か vs 賑やか

日本の正月と中国の春節は対照的だ．日本は静かであり，中国は賑やかだ．中国は花火や爆竹が鳴りわたり，他方日本はしんしんと降る雪に寺の鐘が重々しく響く．結婚式でも，会食でも，或いは大学の式典などでも，日本は静かで厳粛であろうとし，中国は賑やか且つ華やかをよしとする．

Dì bā kè
第八课

飲み物は

いぶこみ フォトログ

中国は多民族国家である．人口の92%を占める漢族のほかに，55もの少数民族がいる．古老に機織りを学ぶ娘たち．

CD-46

単語

看	kàn	動 見る．読む．
酒水单	jiǔshuǐdān	名 ドリンクメニュー．
好的	hǎo de	組 よろしい．よし．（同意をあらわす）．
喝	hē	動 飲む．
热牛奶	rè niúnǎi	組 ホットミルク．
可乐	kělè	名 コーラ．
加	jiā	動 加える．足す．
冰	bīng	名 氷．
想	xiǎng	助動 〜したい．動 考える．思う．
吃	chī	動 食べる．
蛋糕	dàngāo	名 ケーキ．カステラ．
草莓	cǎoméi	名 イチゴ．"草莓蛋糕"→イチゴケーキ．
喜欢	xǐhuan	動 好む．好きだ．（目的語に動詞フレーズをとることもできる）．
服务员	fúwùyuán	名 （ホテルやレストランなどのサービス業の）従業員．

本文

CD-47
CD-48

服务员： 请 看 酒水单。
fúwùyuán　Qǐng　kàn　jiǔshuǐdān.

孙明： 好 的。 谢谢。
　　　　Hǎo　de.　Xièxie.

高桥： 你 喝 什么？
　　　 Nǐ　hē　shénme?

孙明： 我 喝 热 牛奶。
　　　 Wǒ　hē　rè　niúnǎi.

高桥： 我 喝 可乐, 加 冰。
　　　 Wǒ　hē　kělè,　jiā　bīng.

孙明： 你 想 不 想 吃 蛋糕？
　　　 Nǐ　xiǎng　bu　xiǎng　chī　dàngāo?

高桥： 想。 我 吃 草莓 蛋糕。 你 呢？
　　　 Xiǎng.　Wǒ　chī　cǎoméi　dàngāo.　Nǐ　ne?

孙明： 我 不 喜欢 吃 蛋糕。 你 吃 吧。
　　　 Wǒ　bù　xǐhuan　chī　dàngāo.　Nǐ　chī　ba.

第八課

食事は温かいものを食べる．おにぎりも温める人がいるぐらいだ．食事と一緒にとる飲み物も中国人は温かいものを好む．

文法メモ

1. **疑問詞**
   "什么" shénme　"哪" nǎ　"哪个" něige (nǎge)
   "哪儿" nǎr　"谁" shéi

2. **助動詞の "想"** xiǎng
   「〜したい」願望を表す．

3. **反復疑問文**
   肯定形＋否定形の疑問文

4. **"喜欢"** xǐhuan
   「〜するのが好きだ」
   動詞句を目的語にとる．

57

文法ポイント

1 "什么" shénme "哪" nǎ "哪个" něige (nǎge) "哪儿" nǎr "谁" shéi

疑問詞疑問文には"吗"はつけない．

▌"什么" shénme 「何」「何という」「何の」「どんな」

- 你喝什么？　　　　　Nǐ hē shénme?
- 你妈妈做什么工作？　Nǐ māma zuò shénme gōngzuò?

▌"哪" nǎ "哪个" něige (nǎge) 「どの」「どちらの」

- 他是哪国人？　　　Tā shì nǎ guó rén?
- 你是哪个大学的？　Nǐ shì něige dàxué de?
- 你的书包是哪个？　Nǐ de shūbāo shì něige?

- 哪国人 ＝ どちらの国の人
- 书包 ＝ かばん
- 图书馆 ＝ 図書館
- 同学 ＝ 同級生

▌"哪儿" nǎr （＝"什么地方" shénme dìfang）「どこ」

- 你去哪儿？ Nǐ qù nǎr?　——我去图书馆。Wǒ qù túshūguǎn.

▌"谁" shéi (/shuí)「だれ」

- 这是谁的？ Zhè shì shéi de?
- 那个人是谁？ Nèige rén shì shéi?　——是我同学。Shì wǒ tóngxué.
- 谁吃蛋糕？ Shéi chī dàngāo?

ソクレン！ソクレン！

1 次の文の下線部を問う疑問詞疑問文を作りなさい．

(1) Wǒ hē rè niúnǎi.

(2) Tā shì Zhōngguórén.

(3) Wǒmen qù Shànghǎi.

(4) Zhè shì wǒ de míngpiàn.

2 次のピンインを漢字に直しなさい．

(1) Wǒ bù xiǎng chī dàngāo.

(2) Nǐ xiǎng qù nǎr?

2 助動詞の "想" xiǎng —— 你想不想吃蛋糕？

"想" + 動詞（句）→「〜したい」願望を表す．

・买东西 = 買い物をする

> 我想吃蛋糕。　　　Wǒ xiǎng chī dàngāo.
> 我不想喝可乐。　　Wǒ bù xiǎng hē kělè.
> 你想做什么？　　　Nǐ xiǎng zuò shénme?
> 　——我想买东西。　Wǒ xiǎng mǎi dōngxi.

3 反復疑問文 —— 你想不想吃蛋糕？

肯定形＋否定形→疑問文．"吗" はつけない．

> 你看不看酒水单？　Nǐ kàn bu kàn jiǔshuǐdān?
> 你是不是日本人？　Nǐ shì bu shì Rìběnrén?
> 你想不想去上海？　Nǐ xiǎng bu xiǎng qù Shànghǎi?
> 　——想去。　　　Xiǎng qù.

4 "喜欢" xǐhuan —— 我不喜欢吃蛋糕。

"喜欢" + 動詞句　「〜（するの）がすき」

・电影 = 映画
・猫 = ネコ
・狗 = イヌ

> 我喜欢看中国电影。　　Wǒ xǐhuan kàn Zhōngguó diànyǐng.
> 你喜欢不喜欢学汉语？　Nǐ xǐhuan bu xǐhuan xué Hànyǔ?　→反復疑問

● "喜欢" + 名詞　「〜がすき」相手や対象そのものがすき．

我喜欢猫，他喜欢狗。　　Wǒ xǐhuan māo, tā xǐhuan gǒu.

即練習!!

---

3 次の文を反復疑問文に直しなさい．

(1) 你喝热牛奶吗？ ＿＿＿＿＿＿＿＿＿＿
(2) 她是美国人吗？ ＿＿＿＿＿＿＿＿＿＿
(3) 你想吃蛋糕吗？ ＿＿＿＿＿＿＿＿＿＿

4 次の文を中国語に訳しなさい．

(1) 私はアメリカ映画が好きです． ＿＿＿＿＿＿＿＿＿＿
(2) 彼はケーキが好きではありません． ＿＿＿＿＿＿＿＿＿＿
(3) 私は買い物が好きです． ＿＿＿＿＿＿＿＿＿＿

第八課

会話練習

1 喫茶店の飲み物

● イラストを見ながら下線部を他の語に置き換えて練習してみましょう．

A 你喝什么？　　　　　　　Nǐ hē shénme?

B 我喝<u>咖啡</u>。　　　　　　Wǒ hē <u>kāfēi</u>.

こんなに違う 日中同形異義語

"茶碗" cháwǎn　"茶杯" chábēi　"饭碗" fànwǎn

「茶碗」とは何だろう．われわれは「茶碗」でご飯を食べている．よく字をみれば「茶碗」とは「お茶を飲むための碗」ではないのか．中国語では"茶碗"や"茶杯"はお茶用、ご飯用なら"饭碗"という．さらに日本語では「湯飲み茶碗」などという．これもおかしい．「お湯を飲む」と「お茶を飲む」が同居している．ところで珈琲はお茶だろうか．日本では「喫茶店」で珈琲を飲むからお茶の仲間だろう．中国語では珈琲は"咖啡馆" kāfēiguǎn で飲むようだ．それに日本語では「珈琲」と書くが中国語では"咖啡"だ．これは日中異形同義語だ．

会話練習

2 喫茶店の食べ物

● イラストを見ながら下線部を他の語に置き換えて練習してみましょう．

A 你吃什么？　　　　　　　　Nǐ chī shénme?
B 我吃<u>蛋糕</u>。　　　　　　　Wǒ chī <u>dàngāo</u>.

A 你想不想吃<u>蛋糕</u>？　　　　Nǐ xiǎng bu xiǎng chī <u>dàngāo</u>?
B 想。你喜欢吃<u>蛋糕</u>吗？　　Xiǎng. Nǐ xǐhuan chī <u>dàngāo</u> ma?
A 喜欢。／不喜欢。　　　　　　Xǐhuan. / Bù xǐhuan.

Ibukomi 16
いぶこみ16景

察して譲る

中国でバスに乗る．降車口のあたりにいると，後ろから"下不下，不下换换" Xià bú xià, bú xià huànhuan.（下りるのか，下りないなら替われ）と言われる．俺は次下りるから位置チェンジしてくれという要求だ．混んでいるせいもあるが，口ではっきり言う中国社会．日本のような後ろからの気配を感じて「察して譲る」は期待できない．

第八課

61

Dì jiǔ kè
第九课 おいくつ

いぶこみ
フォトログ

中国も高齢化社会．いつもの場所，おばあちゃん連が集まり，思い出話に花を咲かせる．

単語

CD-50

今年	jīnnián	名 今年．
几	jǐ	代 いくつ．（数をたずねる時の疑問の語）．
岁	suì	量 歳．（年齢を数える）．
有	yǒu	動 ある．いる．
兄弟姐妹	xiōngdì jiěmèi	組 兄弟姉妹．
没有	méiyou	動 持っていない．ない．（所有や存在の否定）．
独生子	dúshēngzǐ	名 一人っ子．
个	ge	量 （人や物を数えるときの）個．
弟弟	dìdi	名 弟．
妹妹	mèimei	名 妹．
多大	duō dà	組 どれくらい大きい．（年齢を聞く時は）何歳．いくつ．（"多" duō は疑問詞として形容詞の前に置き「どれくらい〜？」の意味を表す）．
她	tā	代 彼女．（三人称単数．男性の場合は"他"．動物などは"它"．発音はすべて同じ）．

小文

CD-51
CD-52

孙明：你　今年　二十　几　岁？
　　　Nǐ　jīnnián　èrshí　jǐ　suì?

高桥：我　今年　二十一　岁。
　　　Wǒ　jīnnián　èrshiyī　suì.

孙明：我　十九　岁。
　　　Wǒ　shíjiǔ　suì.

高桥：你　有　兄弟　姐妹　吗？
　　　Nǐ　yǒu　xiōngdì　jiěmèi　ma?

孙明：没有。我　是　独生子。你　呢？
　　　Méiyou. Wǒ　shì　dúshēngzǐ.　Nǐ　ne?

高桥：我　有　一　个　弟弟、一　个　妹妹。
　　　Wǒ　yǒu　yí　ge　dìdi,　yí　ge　mèimei.

孙明：你　妹妹　今年　多　大？
　　　Nǐ　mèimei　jīnnián　duō　dà?

高桥：她　今年　十七　岁。
　　　Tā　jīnnián　shíqī　suì.

第九課

いぶこみ×ツッコミ　1978年より中国ではいわゆる「一人っ子政策」を実施，2015年まで37年間続いた．30代半ばまでの中国人は大抵「一人っ子」ということになる．

文法メモ

1. **数詞**

   数詞（100〜）
   聞き方
   "几" jǐ「〜いくつ？」10以下の数を想定
   "多少" duōshao　制限なし．

2. **年齢の言い方**

   名詞述語文

3. **量詞**

   ものの数え方 "个" ge　"岁" suì など．

4. **"有" yǒu**

   「持つ」「ある」「いる」所有や存在を表す．

文法ポイント

1 数詞

数詞（1～100までは発音編参照）

100 一百 yìbǎi	101 一百零一 yìbǎi líng yī	… 110 一百一（十）yìbǎi yī (shí)	111 一百一十一 yìbǎi yīshiyī	… 200 二百（/ 两百）èrbǎi (/liǎngbǎi)
1000 一千 yìqiān	1001 一千零一 yìqiān líng yī	… 1010 一千零一十 yìqiān líng yīshí	… 1200 一千二（百）yìqiān èr (bǎi)	… 2000 两千 liǎngqiān
10000 一万 yíwàn	… 20000 两万 liǎngwàn	… 22000 两万二（千）liǎngwàn èr (qiān)	… 99999 九万九千九百九十九 jiǔwàn jiǔqiān jiǔbǎi jiǔshíjiǔ	

● 疑問詞の "几" jǐ　10以下の数を想定して聞くとき.「いくつ？」（量詞をつける）
　　几个？Jǐ ge?　　二十几？Èrshí jǐ?（二十いくつ？→端数を聞く）

● 疑問詞の "多少" duōshao　制限なし.「どれくらい？」（量詞は無くてもよい）
　　多少（个）学生？Duōshao (ge) xuésheng?

> **"二" èr と "两" liǎng**
> "二" は「順序」をいう.
> "两" は「数量」をいう.
> ただし, 12や20は常に
> "十二""二十"という.

2 年齢の言い方（名詞述語文）── 我今年二十一岁.

数量表現は直接述語になることができる．　　　否定文では "是" shì が現れる．
> 我今年十九岁. Wǒ jīnnián shíjiǔ suì.　　> 我不是十九岁. Wǒ bú shì shíjiǔ suì.

● "多" は疑問詞として形容詞の前に置き,「どれくらい～？」の意味を表す.
　　你多大？　　　Nǐ duō dà?（若者や自分より目下の人に）
　　您多大岁数？Nín duō dà suìshu?（比較的年齢の高い人に）
　　你孩子几岁？Nǐ háizi jǐ suì?（10歳以下の子供に）　──两岁. Liǎng suì.

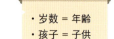
・岁数 = 年齢
・孩子 = 子供

1 数字を中国語で読みなさい．　　　　　　　　　　　　　　　　　　　　CD-54

(1) 4　6　9　10　11　14　27　40　83　99

(2) 101　110　111　206　1009　1010　2000　20000

2 次の文の下線部を問う疑問詞疑問文を作りなさい．

(1) 我今年<u>二十一岁</u>。

(2) 我爸爸<u>五十六岁</u>。

(3) 我孩子今年<u>六岁</u>。

3 量詞

一个人（人） yí ge rén	两本书（本） liǎng běn shū	三枝铅笔（鉛筆） sān zhī qiānbǐ	四把椅子（椅子） sì bǎ yǐzi
五件衣服（服） wǔ jiàn yīfu	六杯咖啡（コーヒー） liù bēi kāfēi	七辆汽车（自動車） qī liàng qìchē	八张桌子（机） bā zhāng zhuōzi
九瓶啤酒（ビール） jiǔ píng píjiǔ	十位老师（先生） shí wèi lǎoshī	十一台电脑（パソコン） shíyī tái diànnǎo	十二条领带（ネクタイ） shí'èr tiáo lǐngdài

第九課

●指示代名詞＋(数詞)＋量詞＋名詞

这个人 zhèige rén　　那两本书 nà liǎng běn shū

4 "有" yǒu ── 你有兄弟姐妹吗？没有。

人＋"有"＋モノ　→所有「～を持つ」・所属

▶ 我有哥哥。　　　Wǒ yǒu gēge.
▶ 你有橡皮吗？　　Nǐ yǒu xiàngpí ma?　──没有。Méiyou.
▶ 你家有几口人？　Nǐ jiā yǒu jǐ kǒu rén?　──四口。Sì kǒu.

・哥哥＝兄
・橡皮＝消しゴム
・口＝世帯の人数を
　　　数える（量詞）
・上＝～の上
・里＝～の中
・杂志＝雑誌
・和＝～と
・钱包＝財布

場所＋"有"＋モノ　→存在「～に～がある／いる」

▶ 桌子上有两本书。　Zhuōzi shang yǒu liǎng běn shū.
▶ 椅子上没有书。　　Yǐzi shang méiyou shū.
▶ 书包里有一本杂志和一个钱包。Shūbāo li yǒu yì běn zázhì hé yí ge qiánbāo.

即練習!!

3 (　　)の中に適切な量詞を入れなさい．

(1) 一（　　）铅笔　　(2) 两（　　）人　　(3) 三（　　）汽车
(4) 四（　　）桌子　　(5) 五（　　）老师　(6) 六（　　）啤酒
(7) 八（　　）衣服　　(8) 八（　　）椅子　(9) 九（　　）咖啡

4 次の質問に中国語で答えなさい．

(1) 你家有几口人？　_____
(2) 你有兄弟姐妹吗？_____

会話練習

1 山田君の家族

●イラストを見ながら下線部を他の語に置き換えて練習してみましょう．

A 他爸爸今年多大岁数？　　Tā bàba jīnnián duō dà suìshu?

B 他爸爸今年五十八岁。　　Tā bàba jīnnián wǔshibā suì.

A 他哥哥今年多大？　　Tā gēge jīnnián duō dà?

B 他哥哥今年二十五岁。　　Tā gēge jīnnián èrshiwǔ suì.

こんなに違う 日中同形異義語

"猪" zhū　"野猪" yězhū　"野菜" yěcài

十二支に登場する動物,「子丑寅卯……」は「鼠，牛，トラ，兎……」であり，日中同じようだが，最後の一つが違う．日本は「猪」(イノシシ)だが，中国語の"猪"は「ブタ」のこと．日本で「猪年生まれ」の人は中国では「ブタ年生まれ」になる．ではイノシシは中国語でどういう？"野猪"である．野生を意味する"野"がつく．そういえば"野菜"も野菜ではなく，「野生の食べられる植物」を意味する．

会話練習

2 いくつある？

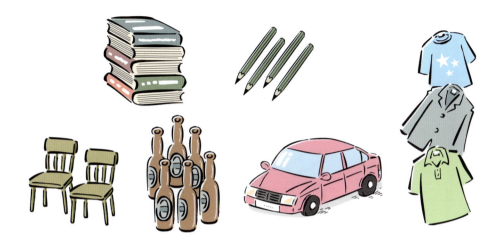

● イラストを見ながら下線部を他の語に置き換えて練習してみましょう．

A 这儿有几本书？　　　　Zhèr yǒu jǐ běn shū?

B 有五本书。　　　　　　Yǒu wǔ běn shū.

Ibukomi 16

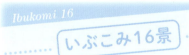

型の文化

中国の図画の教科書を見たことがある．豚とか子供の描き方が載っていた．円を描き，耳をつけて等，手順が示されている．そうすれば誰でも描けるようになっている．このように，まず型から入り，従うべき型を教える．日本は「見たまま思ったままを自由に描きなさい」だから，来日した中国人の子供は絵の時間，どうしてよいか戸惑ってしまう．

Dì shí kè

第十课

和食はいかが

いぶこみ
フォトログ

北京は西苑飯店の裏通りにちょっとにぎやかな街並みがある．その通りの塀には「子供の遊び」が30幅ほど描かれていて，こころ癒される．"跳皮筋" tiào píjīn（ゴム跳び）．

CD-55

単語

过	guo	助 ～たことがある．
日本料理	Rìběn liàolǐ	組 日本料理．料理は普通 "菜" cài で表すが，日本料理は日本語の影響でそのまま表すことが増えてきている．
还	hái	副 まだ．やはり．依然として．さらに．
晚上	wǎnshang	名 夜．晩．（日が落ちてから真夜中まで）．
请	qǐng	動 ①頼む．求める．～するようにお願いする．②どうぞ～してください．③招く．ごちそうする．おごる．
怎么样	zěnmeyàng	代 どうですか．いかがですか．（相手の意見，意向を聞く）．
好	hǎo	形 よし．わかった．（同意，了承を表す）．
啊	a	助 文末に用いて，肯定，弁解，催促，注意，感嘆などの語気を表す．
不过	búguò	接 しかし．ただ．
东道主	dōngdàozhǔ	名 主催者．ホスト．
还是	háishi	副 （比べてみて）やはり．接 それとも．（選択疑問に用いる）．
鱼	yú	名 魚．量詞→ "条" tiáo．
肉	ròu	名 肉．量詞→ "块" kuài．
味道	wèidao	名 味．味わい．
不错	búcuò	形 よい．
很	hěn	副 とても．たいへん．
好吃	hǎochī	形 おいしい．

本文

CD-56
CD-57

高桥： 你 吃过 日本 料理 吗？
　　　Nǐ chīguo Rìběn liàolǐ ma?

孙明： 还 没有。
　　　Hái méiyou.

高桥： 晚上 我 请 你 吃 日本 料理，怎么样？
　　　Wǎnshang wǒ qǐng nǐ chī Rìběn liàolǐ, zěnmeyàng?

孙明： 好 啊，不过 我 是 东道主，还是 我 请 你 吧。
　　　Hǎo a, búguò wǒ shì dōngdàozhǔ, háishi wǒ qǐng nǐ ba.

＊＊＊＊＊＊＊＊

高桥： 你 吃 鱼 还是 吃 肉？
　　　Nǐ chī yú háishi chī ròu?

孙明： 我 吃 鱼。
　　　Wǒ chī yú.

高桥： 味道 怎么样？
　　　Wèidao zěnmeyàng?

孙明： 不错，很 好吃。
　　　Búcuò, hěn hǎochī.

第十課

中国では割り勘ではなく，どちらかが「おごる」ことが多い．日本料理だから私が，と日本人は言い，いやここは中国，私がホストという中国人．どちらがおごったのだろう．

文法メモ

1. "过" guo
   動詞＋"过"で経験を表す．

2. "请" qǐng
   S + V₁ + o/s + V₂ + O

3. "还是" háishi
   副詞 「やはり」「依然として」「まだ」
   接続詞 「それとも」→選択疑問文

4. 形容詞述語文
   "是"はいらない．ただし肯定の平叙文ではかざりの副詞が必要．

69

文法ポイント

1 "过" guo —— 你吃过日本料理吗？

動詞+"过"「～したことがある」 経験を表す．

> 我吃过川菜。 Wǒ chīguo Chuāncài.
> 你去过四川吗？ Nǐ qùguo Sìchuān ma?
>> ——去过。 Qùguo.
>> ——没(有)去过。 Méi(you) qùguo.

・川菜＝四川料理
・四川＝四川（省）
・法语＝フランス語
・一次＝1回

否定文の場合は"没(有)"＋V＋"过"

> 你学过法语没有？ Nǐ xuéguo Fǎyǔ méiyou? →反復疑問

● 動作の回数を表すことばは動詞の後ろに置く。
　我看过一次。 Wǒ kànguo yí cì.

2 "请" qǐng —— 晚上我请你吃日本料理，怎么样？

「ごちそうする」「おごる」「〜に招待する」（兼語式文．→第19課の"让"ràng）

我 请 你 吃 日本料理。　Wǒ qǐng nǐ chī Rìběn liàolǐ.

S ＋ V₁ ＋ o/s ＋ V₂ ＋ O

> 我请他喝咖啡。 Wǒ qǐng tā hē kāfēi.
> 朋友请我看电影。 Péngyou qǐng wǒ kàn diànyǐng.

ツクレン！ツクレン！

1 次の文に"过"を加えて経験を表す文に直し，さらにそれを否定形にしなさい．

(1) 我看中国电影。＿＿＿＿＿＿＿＿＿＿　否定＿＿＿＿＿＿

(2) 他喝中国茶。＿＿＿＿＿＿＿＿＿＿　否定＿＿＿＿＿＿

(3) 我学法语。＿＿＿＿＿＿＿＿＿＿　否定＿＿＿＿＿＿

2 次の文を中国語に訳しなさい。

(1) 私は彼に四川料理をごちそうします．＿＿＿＿＿＿＿＿＿＿

(2) 彼は私を中国映画に招待してくれます．＿＿＿＿＿＿＿＿＿＿

3 "还是" háishi —— 还是我请你吧。你吃鱼还是吃肉?

副詞「やはり」

> 我们还是吃中国菜吧。　Wǒmen háishi chī Zhōngguócài ba.

- 中国菜＝中国料理
- 茶＝お茶
- 酒＝酒

接続詞「それとも」　選択疑問に用いる．"吗"はつけない．

> 你喝茶还是喝酒？　Nǐ hē chá háishi hē jiǔ?
> 你是老师还是学生？　Nǐ shì lǎoshī háishi xuésheng?

4 形容詞述語文 —— 很好吃。

肯定の平叙文で形容詞が単独の場合はかざりとなる副詞が必要．否定は"不"を用いる．

> 这个菜很好吃。　Zhèige cài hěn hǎochī.
> 今天不热。　Jīntiān bú rè.
> 味道怎么样？　Wèidao zěnmeyàng?
> ——真不错。　Zhēn búcuò.
> 汉语难不难？　Hànyǔ nán bu nán?
> ——不太难。　Bú tài nán.

- 菜＝料理
- 今天＝今日
- 热＝暑い（⇔"冷" lěng）
- 真＝本当に
- 难＝難しい（⇔"容易" róngyì）
- 不太＝あまり～でない
- 英语＝英语

● "很"が省略されると →比較のニュアンス．
　日语难，英语容易。Rìyǔ nán, Yīngyǔ róngyì.

第十課

即練習!!

---

3 次の文を中国語に訳しなさい．

(1) 私たちやはり日本料理を食べましょう．

(2) 彼は日本人ですかそれとも中国人？

4 次の文を中国語に訳しなさい．

(1) 今日は暑いです．

(2) 中国語はどうですか？

(3) 中国語はあまり難しくないです．

会話練習

1 いろいろな食べ物

● イラストを見ながら下線部を他の語に置き換えて練習してみましょう．

A　你吃过<u>北京烤鸭</u>吗？　　　　　　Nǐ chīguo <u>Běijīng kǎoyā</u> ma?

B　我吃过。／我没吃过。　　　　　　Wǒ chīguo. ／ Wǒ méi chīguo.

こんなに違う 日中同形異義語

"饭店" fàndiàn　"酒店" jiǔdiàn

"饭店"は"饭"という字があるが，ご飯を供するレストランのことではない場合が多く，ホテルである．では"酒店"とは何か．"酒"とあるが，お酒を供するお店，つまり一杯飲み屋ではない．これもホテルである．しかも大型の高級ホテルの名前に使われる．間違えないように．

2 基本形容詞その1

大 dà（大きい）
（⇔ "小" xiǎo）

多 duō（多い）
（⇔ "少" shǎo）

远 yuǎn（遠い）
（⇔ "近" jìn）

贵 guì（高い）
（⇔ "便宜" piányi）

● イラストを見ながら例にならって肯定と否定と2つの言い方をしてみましょう．

（例）他的书包<u>很大</u>。／他的书包<u>不大，很小</u>。
　　　Tā de shūbāo <u>hěn dà</u>. / Ta de shūbāo <u>bú dà, hěn xiǎo</u>.

人＿＿＿＿＿＿＿＿＿＿＿＿＿＿。／人＿＿＿＿＿＿＿＿＿＿＿＿＿＿＿＿。
Rén

我家＿＿＿＿＿＿＿＿＿＿＿＿＿。／我家＿＿＿＿＿＿＿＿＿＿＿＿＿＿＿。
Wǒ jiā

这本书＿＿＿＿＿＿＿＿＿＿＿＿。／这本书＿＿＿＿＿＿＿＿＿＿＿＿＿＿。
Zhèi běn shū

Ibukomi 16 いぶこみ16景

メシを食ったか

日中が一緒に仕事をすることになった．日本だと「打ち上げ」と称して終了後に飯を食う．中国はまず先に飯を食って，相手と親しくなる．仕事の前に親しくなって相手を理解しようとする．大事なことも「食事の場」で決まることが少なくない．仕事の話があるにはあったが「まだ食事なし」なら，そのプロジェクトは見込みがないと知るべし．

Dì shíyī kè

第十一课 家庭訪問

いぶこみ
フォトログ

実りの秋．中国語では"金秋"jīnqiū という．柿もトウモロコシも，稲も麦も黄金色になる．

CD-59

単語

叔叔	shūshu	名	おじさん．友人の父親に対する呼称としても使われる．
阿姨	āyí	名	おばさん．友人の母親に対する呼称としても使われる．
小姐	xiǎojiě	名	～さん．若い女性に対する敬称や呼びかけに用いる．
欢迎	huānyíng	動	歓迎する．
进	jìn	動	入る．
要	yào	助動	～しなければならない．～したい．～するつもりだ．
脱	tuō	動	脱ぐ．
鞋	xié	名	靴．
不用	bú yòng	組	～する必要がない．
哎呀	āiyā	感	おや．まあ．（驚きや意外な気持ちを表す）．
身材	shēncái	名	スタイル．体格．
真	zhēn	副	ほんとうに．
好	hǎo	形	よい．素晴らしい．
不好意思	bù hǎoyìsi	組	恥ずかしい．申し訳ない．
个子	gèzi	名	背丈．
太～了	tài ~ le	組	あまりに～すぎる．とても～だ．（好ましい意味にも好ましくない意味にも使える）．
高	gāo	形	（高さが）高い．⇔ "矮" ǎi．
哪里	nǎli		どういたしまして．いえいえ．（単独あるいは重ねて用いる）
比	bǐ	前	～より．（比較の基準になるものを導く）．
照片	zhàopiàn	名	写真．
漂亮	piàoliang	形	美しい．きれいだ．
多了	duō le	組	（形容詞のあとに置き）ずっと～だ．
给	gěi	前	～に．～へ．～のために．
买	mǎi	動	買う．⇔ "卖" mài．
礼物	lǐwù	名	プレゼント．贈り物．
客气	kèqi	形	礼儀正しい．丁寧である．
放	fàng	動	置く．放す．

本文

第十一課

高桥: 叔叔 阿姨 好！
Shūshu āyí hǎo!

孙父: 理惠 小姐，欢迎 欢迎！请 进。
Sūnfù Lǐhuì xiǎojiě, huānyíng huānyíng! Qǐng jìn.

高桥: 要 脱 鞋 吗？
Yào tuō xié ma?

孙母: 不 用。哎呀，你 身材 真 好！
Sūnmǔ Bú yòng. Āiyā, nǐ shēncái zhēn hǎo!

高桥: 不 好意思。我 个子 太 高 了。
Bù hǎoyìsi. Wǒ gèzi tài gāo le.

孙母: 哪里，你 比 照片 漂亮多 了！
Nǎli, nǐ bǐ zhàopiàn piàoliangduō le!

高桥: 谢谢。这 是 给 您 买 的 礼物。
Xièxie. Zhè shì gěi nín mǎi de lǐwù.

孙母: 你 太 客气 了。放 那儿 吧。
Nǐ tài kèqi le. Fàng nàr ba.

中国の家庭では玄関で靴は脱がない．またお土産などは玄関で渡して早く打ち解けようとする．おみやげを"放那儿吧"とは？——お土産をいただく嬉し恥ずかしい気持ちが表れている．またきまり悪い気持ちを隠すためだったりする．

文法メモ

1. 助動詞の"要" yào
   「〜ねばならない」「〜したい」「〜するつもりだ」

2. 主述述語文
   述部が「主語」+「述語」になっている文
   「〜は（〜に関しては）〜が〜だ」

3. 比較の言い方
   "比"（前置詞）「〜より」

4. 前置詞の"给" gěi
   「〜に」「〜のために」

文法ポイント

CD-62

1 助動詞の "要" yào ── 要脱鞋吗？

「～せねばならない」「～したいと思う」

> 晩上我要做作业。　Wǎnshang wǒ yào zuò zuòyè.
> 你明年要回国吗？　Nǐ míngnián yào huí guó ma?
> 要不要脱鞋？　　　Yào bu yào tuō xié?
> 　──不用。　　　Bú yòng.（～する必要がない）
> 你要喝咖啡吗？　　Nǐ yào hē kāfēi ma?
> 　──我不想喝。　Wǒ bù xiǎng hē.（～したくない）

・做作业＝宿題をする
・明年＝来年
・回国＝帰国する

● 助動詞 "应该" yīnggāi や "得" děi（→第13課）も「～しなければいけない」「～すべきである」の意を表す．
　你应该学英语。Nǐ yīnggāi xué Yīngyǔ.

・应该＝～すべきだ

2 主述述語文 ── 你身材真好！我个子太高了。

「～は（～に関しては）～が～だ」

```
　他　　个子　很高。
主語₁ +（主語₂ + 述語）
　　　　　↓
　　　　述部
```

> 北京秋天很美。　　　　Běijīng qiūtiān hěn měi.
> 她女儿眼睛很大。　　　Tā nǚ'ér yǎnjing hěn dà.
> 这个菜味道怎么样？　　Zhèige cài wèidao zěnmeyàng?

・秋天＝秋
・美＝美しい
・女儿＝娘
・眼睛＝目

ソクレン！ソクレン！

1 次の（　）に適切な語を入れなさい．

(1) 你（　　　）脱鞋。　　　　　あなたは靴を脱がなければいけません．
(2) 今天不（　　　）做作业。　　今日は宿題をしなくてもいいです．
(3) 你（　　　）喝咖啡吗？　　　あなたはコーヒーが飲みたいですか？
(4) 我不（　　　）喝咖啡。　　　私はコーヒーは飲みたくありません．

2 次の文を中国語に訳しなさい．

(1) この料理は味がおいしい．
(2) 大都市は一人っ子が多い．
　　（"独生子女" dúshēng zǐnǚ）

3　比較の言い方　—— 你比照片漂亮多了!

■ A＋前置詞"比"（〜より）＋B（比較の対象）＋形容詞　AはBより〜だ

▶ 汉语比英语难。Hànyǔ bǐ Yīngyǔ nán.

■ A＋"没有"méiyou＋B＋形容詞　AはBほど〜でない

▶ 英语没有汉语难。Yīngyǔ méiyou Hànyǔ nán.

- 大 = 大きい．年上だ（⇔ "小" xiǎo）
- 贵 = 値が高い（⇔ "便宜" piányi）
- 一点儿 = 少し

■ A＋"比"＋B＋形容詞＋差量

▶ 我哥哥比我大两岁。　Wǒ gēge bǐ wǒ dà liǎng suì.
▶ 这个比那个贵一点儿。Zhèige bǐ nèige guì yìdiǎnr.

4　前置詞の "给" gěi　—— 这是给您买的礼物。

対象を表す．「〜に」「〜のために」．前置詞フレーズは述語動詞の前に置く．

▶ 我给你发电子邮件。　Wǒ gěi nǐ fā diànzǐ yóujiàn.
▶ 老师给学生们照相。　Lǎoshī gěi xuéshengmen zhàoxiàng.
▶ 我明天给你打电话。　Wǒ míngtiān gěi nǐ dǎ diànhuà.

- 发 = 送信する
- 电子邮件 = Eメール
- 学生们 = 学生たち
- 照相 = 写真を撮る
- 明天 = 明日
- 打电话 = 電話をかける

即練習!!

3 次の語に "比" や "没有" を加えて比較の文を作りなさい．

(1) 英语／日语／难　　＿＿＿＿＿＿＿＿＿＿＿＿＿＿＿

(2) 我的鞋／你的鞋／贵　＿＿＿＿＿＿＿＿＿＿＿＿＿＿＿

(3) 我／你／高　　　　＿＿＿＿＿＿＿＿＿＿＿＿＿＿＿

4 次の語句に "给" を加えて意味の通る文に並べ換えなさい．

(1) 我／草莓蛋糕／买／我妈妈／。　我＿＿＿＿＿＿＿＿＿＿＿＿＿

(2) 他／王老师／电话／打／。　　　他＿＿＿＿＿＿＿＿＿＿＿＿＿

(3) 这是／写／朋友／信／的／。　　这是＿＿＿＿＿＿＿＿＿＿＿＿

会話練習

1 基本形容詞その2

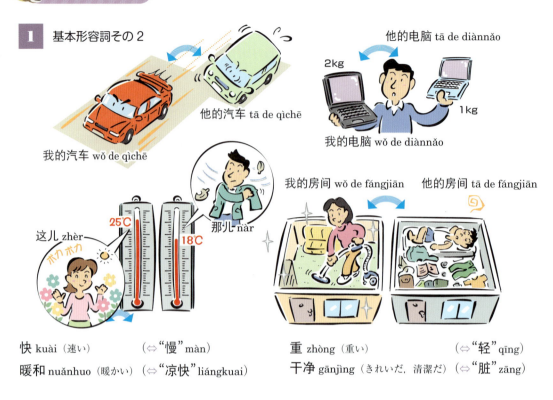

快 kuài（速い）　　（⇔"慢"màn）
暖和 nuǎnhuo（暖かい）（⇔"凉快"liángkuai）
重 zhòng（重い）　　（⇔"轻"qīng）
干净 gānjìng（きれいだ，清潔だ）（⇔"脏"zāng）

●イラストを見て例にならって比較の文を作ってみましょう．

（例）我的汽车比他的（汽车）快。／ 他的汽车没有我的（汽车）快。
　　　Wǒ de qìchē bǐ tā de (qìchē) kuài. ／ Tā de qìchē méiyou wǒ de (qìchē) kuài.

我的电脑_____。／他的电脑_____。
Wǒ de diànnǎo　　　　　　　　／ Tā de diànnǎo
这儿_____。／那儿_____。
Zhèr　　　　　　　　　　　　／ Nàr
我的房间_____。／他的房间_____。
Wǒ de fángjiān　　　　　　　　／ Tā de fángjiān

こんなに違う 日中同形異義語

"花子" huāzi

人の名前では"花子"がなんと「乞食」という意味だ．
姓では「吾妻」さんも，中国人の目からは「吾が妻」と映る．「こちら吾妻さんです」と紹介する．女性を紹介すると「妻」かと誤解されてしまうし，男性だったりするともっとすごい誤解をされそうだ．

地名では「我孫子」が有名だ．「俺の孫」という意味で，これは中国の罵り言葉．相手を2世代下に見下すわけだ．

会話練習

2 このワンちゃんは？

长 cháng（長い）　短 duǎn（短い）　大 dà（大きい）　小 xiǎo（小さい）

● イラストを見ながら下線部を他の語に置き換えて練習してみましょう．

A 这条狗怎么样？　　Zhèi tiáo gǒu zěnmeyàng?

B 它 <u>脸</u> 很<u>长</u>。　　Tā liǎn hěn cháng.

Ibukomi 16

いぶこみ16景

五官端正

中国の対外的な任務に携わる人，外交官やスポークスマンなど，格好いい人が多いと思わないか．これには，理由がある．外国との交渉に関わる人は，外国語大学を出るが，そこの入学資格に「五官端正」とある．目，鼻，口が端正であること，要するにハンサム，美人ということだ．これが入学資格なのだ．

背丈にも制限がある．男性170センチ以上とかだ．彼ら彼女らは将来国を背負って立つ通訳になる，外交官になる．それを国のお金で養成するわけだから，見てくれもよくなくちゃ，そう考えている．そう考えて，文書にし資格にしてしまうところがすごい．日本なら「いわれなき差別だ」という声が挙がりそうだ．

第十二课

Dì shí'èr kè

買い物

いぶこみ フォトログ

早朝ここにきて鳥の鳴き声を楽しむ．同好の士がもう来ている．悠々と趣味の世界に遊べる身分であることが誇りだ．

CD-63

単語

毛衣	máoyī	名 セーター．カーディガン．
小号	xiǎohào	形 Sサイズの．小さなサイズの．
就	jiù	副 ①まさしく．ほかでもなく．（肯定の語気を強める）．②〜ならば〜する．（前文の条件を受けて結論を表す）．
可以	kěyǐ	助動 〜できる．〜してもよい．（可能や許可を表す）．
试试	shìshi	組 ちょっと試してみる．（動詞の重ね型）．
进去	jìnqu	動+補語 入っていく．（"进"は「入る」「進む」．"去"qù は「行く」）．
试	shì	動 試す．試みる．
正	zhèng	副 まさに．ちょうど．
合适	héshì	形 ちょうどいい．ぴったりだ．ふさわしい．
件	jiàn	量 枚．件（衣服や事柄などを数える）．
多少	duōshao	代 いくつ．どのくらい．（数量をたずねる疑問詞．数の制限はない）．
钱	qián	名 お金．
块	kuài	量 中国の本位貨幣の単位．「元」の通称．
给	gěi	動 あげる．もらう．くれる．
算了	suànle	動 やめにする．よしとする．
收	shōu	動 取る．受け取る．

80

本文

高桥： 毛衣 有 小号 的 吗？
　　　 Máoyī yǒu xiǎohào de ma?

服务员： 这 就 是 小号 的。
　　　　 Zhè jiù shì xiǎohào de.

高桥： 可以 试试 吗？
　　　 Kěyǐ shìshi ma?

服务员： 可以，进去 试 吧。
　　　　 Kěyǐ, jìnqu shì ba.

高桥： 正 合适。就 买 这 件。多少 钱？
　　　 Zhèng héshì. Jiù mǎi zhèi jiàn. Duōshao qián?

服务员： 五百 零 五 块。
　　　　 Wǔbǎi líng wǔ kuài.

高桥： 给，这 是 六百 块。
　　　 Gěi, zhè shì liùbǎi kuài.

服务员： 算了，收 你 五百 吧。
　　　　 Suànle, shōu nǐ wǔbǎi ba.

市場などでは値切り交渉は当然で，人とコミュニケーションをとるようなもの． 一方，日本人はあまり値切ろうとしない．ここではお店の人がすすんで安くしてあげた．

第十二課

文法メモ

1. **助動詞 "可以" kěyǐ**
   許可・条件があって「〜してよい」「〜できる」

2. **動詞の重ね型**
   「ちょっと〜する」

3. **方向補語**
   動きの方向を表す．

4. **連動文**
   一つの文に二つ以上の動詞

5. **お金の言い方**
   名詞述語文

81

文法ポイント

1 助動詞 "可以" kěyǐ —— 可以试试吗？可以。

「～してよい」.「～できる」許可或いは条件があって差し障りがない意味を表す.

- 教室里可以喝饮料吗？　　Jiàoshì li kěyǐ hē yǐnliào ma?
- 医院里可以不可以用手机？ Yīyuàn li kěyǐ bu kěyǐ yòng shǒujī? →反復疑問
  ——不可以。Bù kěyǐ. ／不行。Bùxíng.

- 教室 = 教室
- 饮料 = 飲み物
- 医院 = 病院
- 用 = 使う
- 不行 = いけません

2 動詞の重ね型 —— 可以试试吗？

動詞を重ねて「ちょっと～する」の意味を表す.

- 你听听。Nǐ tīngting.
- 咱们休息休息吧。Zánmen xiūxixiūxi ba.

● 1音節の動詞は間に "一" をはさむことも
　等一等　děngyiděng

- 听 = 聞く
- 休息 = 休憩する
- 等 = 待つ

3 方向補語（単純方向補語と複合方向補語）

	上 shàng	下 xià	进 jìn	出 chū	回 huí	过 guò	起 qǐ
来 lái	上来	下来	进来	出来	回来	过来	起来
去 qù	上去	下去	进去	出去	回去	过去	

- 跑 = 走る
- 拿 = 持つ
- 借 = 借りる
- 走 = 歩く
- 坐 = 座る
- 站 = 立つ

● 動詞 + 単純方向補語

動詞 + 来／去　　　　　　→　跑去 pǎoqu　　拿来 nálai　　借去 jièqu
動詞 + 上／下／进／出 など　→　走出 zǒuchu　　跑进 pǎojin　　坐下 zuòxia

● 動詞 + 複合方向補語

走上去 zǒushangqu　　拿出来 náchulai　　买回来 mǎihuilai　　站起来 zhànqilai
走进教室来 zǒujin jiàoshì lai

ツクレン！ツクレン！

1 次の文を中国語に訳しなさい.

(1) あなたの家に行ってもいいですか？

(2) ここで携帯電話を使ってはいけません.

(3) 教室の中で飲み物を飲んでもいいです.

2 次の文を日本語に訳しなさい.

(1) 我们还是听听吧。

(2) 你们休息休息吧。

4 連動文 —— 进去试吧。

・食堂 = 食堂
・吃饭 = 食事する

同じ主語のもとで動作の目的や前後関係を説明する．

> 你们进去试吧。　　Nǐmen jìnqu shì ba.　動作の起こる順に動詞を並べる．
> 她来日本学日语。　　Tā lái Rìběn xué Rìyǔ.
> 我们去食堂吃饭吧。　　Wǒmen qù shítáng chī fàn ba.

5 お金の言い方（名詞述語文）

| 話し言葉 | 块 kuài | 毛 máo | 分 fēn |
| 書き言葉 | 元 yuán | 角 jiǎo | 分 fēn |

●人民币 rénmínbì（人民元）

1元 = 10角 = 100分

　　　　1元　　一块（钱）　　yí kuài (qián)
　　　2.20元　　两块二（毛）　liǎng kuài èr (máo)
　　　100.00元　一百块（钱）　yìbǎi kuài (qián)
　　　123.05元　一百二十三块零五（分）
　　　　　　　　yìbǎi èrshisān kuài líng wǔ (fēn)

这个多少钱？Zhèige duōshao qián?　——八块钱。Bā kuài qián.

￥10,000（日本円）　一万日元　yíwàn rìyuán
$100（米ドル）　　一百美元　yìbǎi měiyuán

即練習！！

3　次の語を中国語に訳しなさい．

(1) 持ってくる _____　(2) 走ってくる _____
(3) 出てくる _____　　(4) 入っていく _____
(5) 上ってくる _____　(6) 走って教室に入っていく _____

4　次の語を適切に並べ換えなさい．

(1) 我们／借／图书馆／去／词典／。_____
(2) 他／汉语／中国／学／去／。_____

会話練習

1 衣料品売り場

● イラストを見ながら下線部を他の語に置き換えて練習してみましょう．

A <u>这件毛衣</u>，可以试试吗？　　<u>Zhèi jiàn máoyī</u>, kěyǐ shìshi ma?
B 可以。/不可以。　　　　　　　Kěyǐ. / Bù kěyǐ.

A <u>毛衣</u>多少钱？　　　　　　　<u>Máoyī</u> duōshao qián?
B <u>二百四十四</u>（块）。　　　　　<u>Èrbǎi sìshisì</u> (kuài).

こんなに違う 日中同形異義語

"东洋" Dōngyáng　"人参" rénshēn　"胡萝卜" húluóbo　"妻子" qīzi

日中の単語を比べてみると，その意味範囲にズレがあるときがある．たとえば「東洋」はアジアのことだが，中国語の"东洋"は日本のみを指す．中国語の"人参"はあの赤いニンジンではない．薬用の朝鮮人参を指す．赤いニンジンは"胡萝卜"と言う．また「妻子」は妻と子だが，中国の"妻子"は妻だけだ．

以上はいずれも中国語のほうが意味が狭く，特定化している例だ．

会話練習

2 方向補語

● イラストを見ながら下線部を他の語に置き換え方向補語の言い方を練習してみましょう．

他<u>上去</u>。　　Tā <u>shàngqu</u>.

他<u>走下来</u>。　Tā <u>zǒuxialai</u>.

Ibukomi 16 いぶこみ16景

農夫と蛇

「農夫と蛇」という話がある．冬の寒い朝，農夫が道で凍えている蛇を見つけ，哀れに思い，それを懐に入れ温めてやる．やがて蛇は蘇生し，農夫に噛みつく．死ぬ間際に農夫は言う．「決して悪人に憐れみをかけてはならない」と．悪は永遠に悪であると教える．中国の小学校の国語教科書にある話．

かたや日本，幼稚園で孫のお遊戯会があった．出し物は「狼と小羊」の話．小羊が狼に食われ，母羊が帰ってきて救い出す．狼の腹に石を詰めて狼を井戸に突き落とす．そんな話だが，最後にとんでもないことが起こった．「狼さんも仲間に入れてあげよう」と，狼を井戸から救いあげ，皆で仲良くダンスを踊っておしまい．悪人を簡単に許す日本！

Dì shísān kè
第十三课

道案内

いぶこみ
フォトログ

南方の石造りの家．広い国土に多様な住居が展開する．

CD-67

単語

请问	qǐngwèn	動	おたずねします．
东京站	Dōngjīngzhàn	固	東京駅．
怎么	zěnme	代	どのようにして．（方式，方法などを聞く）．どうして．なぜ．（原因，理由などを聞く）．どうですか（状況を尋ねる）．
走	zǒu	動	行く．歩く．出かける．その場を去る．離れる．
离	lí	前	～から．～まで．2点間の隔たりを表す．
远	yuǎn	形	遠い．⇔ "近" jìn．
得	děi	助動	～しなければならない．
坐	zuò	動	（乗り物に）乗る．座る．
地铁	dìtiě	名	地下鉄．
地铁站	dìtiězhàn	名	地下鉄駅．
在	zài	動	ある．いる．存在する．
画	huà	動	（絵や図を）描く．
地图	dìtú	名	地図．
从	cóng	前	～から．起点を表す．
一直	yìzhí	副	まっすぐに．ずっと．
过	guò	動	通る．過ぎる．渡る．
了	le	助	動詞の後ろについて動作の実現，完了を表す．文末の "了" と区別される．
红绿灯	hónglǜdēng	名	交通信号灯．
往	wǎng	前	～に向かって．
右	yòu	名	右．⇔ "左" zuǒ．
拐	guǎi	動	まがる．
然后	ránhòu	接	それから．そのあと．
不太	bú tài	組	あまり～ではない．
明白	míngbai	動	わかる．理解する．
		形	はっきりしている．
带	dài	動	引き連れる．持つ．携帯する．
过路人	guòlùrén	名	通りすがりの人．

课文

CD-68
CD-69

孙明： 请问，去 东京站 怎么 走？
　　　Qǐngwèn, qù Dōngjīngzhàn zěnme zǒu?

过路人： 东京站 离 这儿 很 远，得 坐 地铁。
　　　　Dōngjīngzhàn lí zhèr hěn yuǎn, děi zuò dìtiě.

孙明： 地铁站 在 哪儿？
　　　Dìtiězhàn zài nǎr?

过路人： 我 给 您 画 地图 吧。
　　　　Wǒ gěi nín huà dìtú ba.

孙明： 不 好意思。
　　　Bù hǎoyìsi.

过路人： 您 看，从 这儿 一直 走，过了 红绿灯
　　　　Nín kàn, cóng zhèr yìzhí zǒu, guòle hónglǜdēng

往 右 拐，然后……
wǎng yòu guǎi, ránhòu……

孙明： 对不起，我 不 太 明白。
　　　Duìbuqǐ, wǒ bú tài míngbai.

过路人： 我 带 你 去 吧。
　　　　Wǒ dài nǐ qù ba.

第十三課

いぶこみ×ツッコミ

親切な日本人．路を聞かれて分からないときは「すみません」と謝ってくれる．また交番を教えてあげたりする．中国では，親切な人ならそこに来合わせたいろいろな通行人に聞いてくれて，にぎやかに「道訊ね劇場」を演出してくれる．

文法メモ

1. "怎么" zěnme
   「どのように」→方式をたずねる．
   「どうして」→いぶかる気持ちでたずねる．
   （"为什么" wèi shénme →客観的）

2. 前置詞の "离" lí　"从" cóng　"往" wǎng
   "离"→隔たり．"从"→起点．"往"→方向

3. "得" děi（助動詞）
   「〜しなければならない」

4. 動詞の "在" zài
   どこに所在するかを表す．

5. 動詞のあとの "了" le
   動作の実現，完了を表す．

87

文法ポイント

1 "怎么" zěnme —— 去东京站怎么走？

「どのように」「どうやって」．方式をたずねる．
> 这个字怎么念？ Zhèige zì zěnme niàn?

「どうして」．いぶかって理由をたずねる．
> 你怎么不吃饭？ Nǐ zěnme bù chīfàn?

- 字 = 字．漢字
- 念 =（声をだして）読む
- 为什么 = なぜ．どうして
- 因为 = 〜なので
- 上课 = 授業にでる．

● "为什么" wèi shénme → どうして？ 客観的な質問
　他为什么不来？ Tā wèi shénme bù lái? ——因为他要上课。Yīnwèi tā yào shàngkè.

2 前置詞の "离" lí "从" cóng "往" wǎng

▌"离" は，2点間の隔たりを表す．「〜まで」「〜から」
> 你们学校离车站远吗？ Nǐmen xuéxiào lí chēzhàn yuǎn ma?

▌"从" は，起点を表す．「〜から」
> 你们从哪儿出发？ Nǐmen cóng nǎr chūfā?
　　——从羽田出发。 Cóng Yǔtián chūfā.

▌"往" は移動する方向を表す．「〜へ」
> 从这儿往左拐。 Cóng zhèr wǎng zuǒ guǎi.

- 学校 = 学校
- 车站 = 駅
- 出发 = 出発する
- 羽田 = 羽田
- 左 = 左

3 "得" děi（助動詞） —— 得坐地铁。

助動詞の "得" は，必然として「〜ねばならない」の意味を表す．
> 我们得换车。 Wǒmen děi huàn chē.
> 今天我得写报告。 Jīntiān wǒ děi xiě bàogào.

- 换车 = 乗り換える
- 报告 = レポート

ソクレン！ソクレン！

1 次の文を日本語に訳しなさい．
(1) 请问，你的名字怎么写？
(2) 你怎么不喝咖啡？
(3) 他为什么不学法语？

2 （　）に "离" "从" "往" "得" のいずれかを入れなさい．（文法ポイント2と3）
(1) 我们（　　）东京出发。
(2) 这儿（　　）学校很远，（　　）坐地铁。
(3) （　　）这儿（　　）右拐吧。

一生もののー冊に！ 大学生のうちに読みたい本

対訳 21世紀に生きる君たちへ

司馬遼太郎 著／ドナルド・キーン 監訳
ロバート・ミンツァー 訳

定価：1,100円（本体1,000円＋税）

いつの時代になっても人間が生きていく上でたいすることのできない心構えがある。司馬遼太郎が小学校用教科書のために書き下ろした、簡潔ながら力強いメッセージを日英対訳で収めた、新しい時代への道しるべ。

いっしょにいきるって、なに？

こども哲学
オスカー・ブルニフィエ 著
西宮かおり 訳／重松清 監修
フレデリック・ベナグリア 絵

定価：1,760円（本体1,600円＋税）

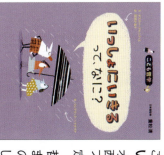

哲学教育の本場・フランスから生まれた、世界各国でロングセラーのシリーズ、こどもの「なぜ？」を楽しく考える絵本。
「大事なのは、答えつづけてく
[以下切れ]

岐路の前にいる君たちに

鷲田清一 著

定価：1,760円（本体1,600円＋税）

哲学者・鷲田清一が、入学・卒業式で、新しい世界に旅立つ若者へ贈った、8年分の人生哲学。不安と希望が入り交じった若い人へ向けたメッセージはそのまま、私たち現代人が直面する仕事や人生の悩みに寄り添い、背中を押してくれます。

しぶとい十人の本屋

辻山良雄 著

定価：2,310円（本体2,100円＋税）

新刊書店「Title」を開いて8年。ふと自分の仕事がわからなくなり、全国にいる仲間のもとを訪ねると、消費されず、健やかに生きるヒントが見えてきた。読み終えるころにはきっと元気がでる、少し屈
[以下切れ]

誰のために法は生まれた

木庭顕 著
定価：2,035円（本体1,850円＋税）

紀伊國屋じんぶん大賞2019受賞！追いつめられた、たった一人をすらも守るのが法とデモクラシーの基本なんだ。それが紀元前ギリシャ・ローマの問題を鋭く見つめ、格闘した人たち、彼らが残した古典作品を深く読み解き、すべてを貫く原理を取り出してくる。中高生と語り合った5日間の記録。

断片的なものの社会学

岸政彦 著
定価：1,716円（本体1,560円＋税）

人の話を聞くということは、ある人生のなかに入っていくということ。社会学者が実際に出会った「解釈できない出来事」をめぐるエッセイ。一人ひとりのなかにある記憶や感覚が立ち現れてくる、稀有な読書体験になります。「一生に一度はこういう本を書いてみたいと感じるようなな書でした。」——星野智幸さん

紀伊國屋じんぶん大賞2016受賞！

渡り鳥たちが語る科学夜話

全卓樹 著
定価：1,760円（本体1,600円＋税）

「科学が照らすものは、この世界に降りそそぐ美しい奇跡なのだ。」——島本理生さん

戦争まで

加藤陽子 著
定価：1,870円（本体1,700円＋税）

かつて日本は、世界から「どちらを選ぶか」と三度、問われた。より良き道を選ぶかなかったのはなぜか？「第一級資料を前にした歴史学者と中高生の対話が、半端なくスリリングで息を呑むためのおもしろさ。選択を迫られる私たちのための、だいじな鍵がここにある」——中島京子さん

慣れろ、おちょくれ、踏み外せ

森山至貴＋能町みね子 著
定価：1,980円（本体1,800円＋税）

「LGBT」に分類して整理したら終わりじゃない。クィアを考えるスタート地点にして決定版！
「彼らの決死の自己開示に、他の追随を許さない深い洞察とをまとめた本書は、我々を勇気づけ、この10年の社会を力強く照らしてくれる」——花田菜々子さん

銀河の片隅で科学夜話

全卓樹 著
定価：1,760円（本体1,600円＋税）

一日の長さは一年に0.000017秒ずつ伸びている。500億年のちは、一日の長さが一ヶ月ほどになるだろう——

エモい古語辞典
堀越英美 著／海島千本 イラスト
定価：1,782円（本体1,620円＋税）

新たな表現は古語から生まれる！ 胸がうずく、心がゆれる日本語表現も1654語厳選。春夏秋冬、月や星、草花や色、「恋」などに人の心を表す美しい言葉から、怖さやおぞましさでぞくっとする言葉、知る人ぞ知る四字熟語、現代の文章でも使えるみやびやかな雅語まで。創作のアイデアソースにぜひ！

最新日米口語辞典 [決定版]
エドワード・G・サイデンステッカー＋松本道弘 編
定価：5,280円（本体4,800円＋税）

40年以上のベストセラーとなった[読む辞典]、待望の改訂版。表現の羅列ではなく、読んで楽しめる。日常使いの口語表現を採用し、ニュアンスや使い分けをわかりやすく説明しています。今、発信したい言葉が例文付きでたっぷり盛り込まれた辞典です。

生命海流 GALAPAGOS
福岡伸一 著
定価：2,090円（本体1,900円＋税）

絶海の孤島に生息する奇妙な生物たちはどこから来たのか？ 特殊な進化を遂げたのはなぜか？ なぜ生物たちは人間を恐れないのか？ ガラパゴスの生物たちの謎を解き明かす。島の大自然を全身で感じながら、"進化の現場"で、その驚くべき生命の姿を生き生きと克明に綴った紀行ノンフィクション。

文体練習
レーモン・クノー 著／朝比奈弘治 訳
定価：3,738円（本体3,398円＋税）

バスの中で起こった他愛もない出来事が99通りもの変奏によって変幻自在に書き分けられてゆく、20世紀フランス文学の急進的言語革命を率いたクノーによる究極の言語遊戯。伸條正義による美しいブックデザインもお楽しみ下さい。

お近くの書店・ネット書店でご注文ください。 朝日出版社

「まった本です。」――杏さん

十皿の料理
斉須政雄 著
定価：1,980円(本体1,800円＋税)

読む度に背筋が伸びる、料理を通した仕事読本。フランス料理レストラン「コート・ドール」のシェフが語り下ろす十皿の定番料理。「仕事と自分をどう近づけ、幸せな向きあい方を実現させていったのか？(…)読み継がれるべき熱い一冊」――幅允孝さん

絵を見る技術
秋田麻早子 著
定価：2,035円(本体1,850円＋税)

謎を解く鍵は、絵の中に隠された「線」にあった。絵の研究は「意味」と「形」の二本柱。本書では、これまであまり触れてこなかった「造形」の面から名画を見ていきます。「読んだ後、絵を見ることが楽しくなる本！」――結城浩さん(『数学ガール』著者)

自炊者になるための26週
三浦哲哉 著
定価：2,178円(本体1,980円＋税)

さっと買って、さっと作って、この上なく幸福になれる。「トーストを焼くだけ」からはじまる、日々の小さな創造行為。"ほぼ毎日キッチンに立つ"映画研究者が、おいしさを具体的に語ります、あたらしい理論＆実践の書！

だれでもデザイン
山中俊治 著
定価：2,090円(本体1,900円＋税)

デザインは、ささやかでも誰かを確実にハッピーにする！人間と新しい技術の関係を考え続けたデザイナーの中高生に語る、物づくりの根幹とこれから。「偶然の出会いを大切に、隣の人の脳みそを借りて、『才能とは無関係、誰もが身につけられる方法を話します』

4 "在" zài（動詞） —— 地铁站在哪儿？

モノ+"在"+場所 →所在「～は～にある／いる」. 否定は"不".

- 我家在东京。　　　　Wǒ jiā zài Dōngjīng.
- 老师不在教室里。　　Lǎoshī bú zài jiàoshì li.
- 邮局在哪儿？　　　　Yóujú zài nǎr?
  ——在医院旁边儿。Zài yīyuàn pángbiānr.

・邮局＝郵便局
・旁边儿＝そば．となり

第十三課

 5 動作の完了・実現を表す "了" le（動詞のあとの"了"） —— 过了红绿灯往右拐。

▎動詞+"了"（+目的語），～．「～したら～する」．後ろに文が続く．

- 下了课，去看电影吧。　　Xiàle kè, qù kàn diànyǐng ba.
- 吃了饭，就去玩儿。　　　Chīle fàn, jiù qù wánr.

▎動詞+"了"+数量表現を伴う目的語 「～した」

- 她买了一件毛衣。　　Tā mǎile yí jiàn máoyī.
- 我喝了两杯牛奶。　　Wǒ hēle liǎng bēi niúnǎi.

・下课＝授業が終わる
・玩儿＝遊ぶ
・午饭＝昼ご飯

● 「～してない」「～しなかった」などの完了・実現の否定は "没(有)" méi(you)を使い，"了"は消える．
　她今天还没吃午饭。Tā jīntiān hái méi chī wǔfàn.

即練習!!

---

3 次の文を中国語に訳しなさい．（文法ポイント4）

(1) 私は今日家にいません．　　　_____

(2) 王先生はどこにいますか？　　_____

(3) 病院は郵便局のそばにあります．_____

4 次の文に "了" を加えて完了の意味を表す文にし，さらに日本語に訳しなさい．（文法ポイント5）

(1) 下课，去买东西吧。_____

(2) 喝两杯咖啡。_____

会話練習

1 いろいろな乗り物

飞机（飛行機） fēijī
火车（列車） huǒchē
公交车（バス） gōngjiāochē
地铁（地下鉄） dìtiě
出租车（タクシー） chūzūchē
船（船） chuán

●イラストを見て下線部を他の語に置き換えて練習してみましょう．（どの乗り物がふさわしいか考えてみましょう）

A 去学校从这儿怎么走？　　Qù xuéxiào cóng zhèr zěnme zǒu?
B 学校离这儿很远，得坐<u>地铁</u>。　　Xuéxiào lí zhèr hěn yuǎn, děi zuò <u>dìtiě</u>.

A 北海道离这儿远吗？　　Běihǎidào lí zhèr yuǎn ma?
B 离这儿很远，得坐<u>火车</u>。　　Lí zhèr hěn yuǎn, děi zuò <u>huǒchē</u>.

こんなに違う 日中同形異義語

"妻子" qīzi/qīzǐ　"兄弟" xiōngdi/xiōngdì　"精神" jīngshen/jīngshén　"东西" dōngxi/dōngxī

"妻子"は「妻子」ではなく，中国語では「妻」だと述べたが，これには但し書きが要る．"妻子" qīzi と後を軽声に読むときに限ってのことで，もし"妻子" qīzǐ と後を原声調で読めば日本語と同じく「妻子」の意味になり子供も含まれる．中国語にはこのように後が軽声かどうかで，意味が違ってくる語がある．"兄弟" xiōngdi もそうだ．後が原声調だと「兄と弟」だが，後が軽声だと「弟」だ．"精神"なども jīngshén と読めば「精神」の意だが，jīngshen と軽声になると「元気だ」になる．もう一つ，"东西"がある．dōngxī なら「東西」だが，dōngxi なら「もの，品物」だ．

会話練習

2 駅前の建物

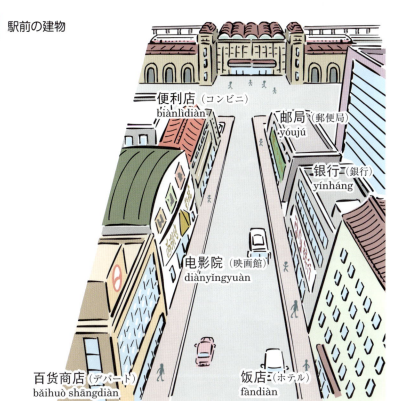

● イラストを見ながら下線部を他の語に置き換えて練習してみましょう．

A　邮局在哪儿？　　　　　　　　　Yóujú zài nǎr?

B　邮局在银行旁边儿。　　　　　　Yóujú zài yínháng pángbiānr.

いぶこみ16景

Ibukomi 16

目の前の事実

中国で，バスや鉄道，遊園地の子ども料金はどうやって決めるか．背の高さだ．入口のところに，1.2メートルの高さに横線を引き，そこで背を測る．横線を超えなければ無料だ．1.2から1.5までなら子ども料金で大人の半額．1.5を超えれば大人料金だ．口での申告を信じない．学生証などの書類も信じない．目の前の事実を信じる．

91

Dì shísì kè
第十四课

中秋節

いぶこみ
フォトログ

新興の住宅地は"小区"xiǎoqū と呼ばれ，中には商店や学校，病院もあり，ひとつの生活圏をつくる．

CD-71

単語

今天	jīntiān	名	今日．本日．
月	yuè	名	月．(年月の月．月順の月)．
号	hào	量	日．(日にちを示す)．
快～了	kuài ~ le	組	もうすぐ～だ．まもなく～だ．
到	dào	動	到達する．達する．～へ行く．
中秋节	Zhōngqiūjié	固	中秋節．
欸	éi	感	いぶかる気持ちを表す．
现在	xiànzài	名	今．現在．
已经	yǐjīng	副	すでに．もう．
了	le	助	～た．～なった．(文末に使用され，変化，新しい状況の発生を表す．また単にその文で述べられている事柄が実現したことを確認する)．
说	shuō	動	話す．言う．
阴历	yīnlì	名	陰暦．旧暦．
哦	ò	感	ああ．(思い当たった時，納得した気持ちを表す)．
跟	gēn	前	～と．(＝"和"hé)．
家里人	jiālirén	名	家族．
一起	yìqǐ	副	一緒に．
一边～一边	yìbiān ~ yìbiān	組	～しながら～する．(2つの動作が同時に進行することを表す)．
月饼	yuèbing	名	月餅（げっぺい）．
赏月	shǎng yuè	組	月見をする．月をめでる．
好	hǎo	副	なんと．(形容詞や動詞の前に用いて程度の高いことを表す)．
温馨	wēnxīn	形	心温まる．

小文

孙明: 今天 几 月 几 号?
　　　Jīntiān jǐ yuè jǐ hào?

高桥: 今天 九月 二十 号。
　　　Jīntiān jiǔyuè èrshí hào.

孙明: 快 到 八月 十五 中秋节 了!
　　　Kuài dào bāyuè shíwǔ Zhōngqiūjié le!

高桥: 欸? 现在 已经 九月 了 啊!
　　　Éi? Xiànzài yǐjīng jiǔyuè le a!

孙明: 不 不, 我 说 的 是 阴历 八月 十五。
　　　Bù bù, wǒ shuō de shì yīnlì bāyuè shíwǔ.

高桥: 哦。中国人 中秋节 做 什么?
　　　Ò. Zhōngguórén Zhōngqiūjié zuò shénme?

孙明: 跟 家里人 一起, 一边 吃 月饼 一边 赏月。
　　　Gēn jiālirén yìqǐ, yìbiān chī yuèbing yìbiān shǎng yuè.

高桥: 好 温馨 啊!
　　　Hǎo wēnxīn a!

いぶこみ×ツッコミ

旧暦が生きている中国．旧暦なればこその八月十五日の満月．また自分の誕生日を旧暦でいう人もいる．西暦の1月1日は中国でも元旦だが，本物の正月は旧暦で祝い，春節という．

文法メモ

1. 年月日・曜日の言い方
   名詞述語文

2. "快～了" kuài ~ le
   「もうすぐ～である」「まもなく～する」
   近接未来

3. "了" le（文末の了）
   「～た」「～なった」変化・新事態の発生や事柄の実現を表わす．

4. 前置詞の"跟" gēn
   「～と」「～に」

5. "一边～一边…" yìbiān ~ yìbiān …
   「～しながら～する」二つの動作が同時に進行することを表す．

文法ポイント

1 年月日・曜日の言い方（名詞述語文） CD-74

年	一九四九年 yī jiǔ sì jiǔ nián　二〇一七年 èr líng yī qī nián（西暦はつぶ読み）
月	一月 yīyuè　二月 èryuè　三月 sānyuè　四月 sìyuè　五月 wǔyuè　～　十二月 shí'èryuè
日	一号 yī hào　二号 èr hào　～　三十一号 sānshiyī hào（書き言葉では"日"rì）
曜日	星期一／二／三／四／五／六／天（／日）　（月／火／水／木／金／土／日曜日） xīngqīyī／èr／sān／sì／wǔ／liù／tiān（／rì）

▷ 今年二〇二二年。　　Jīnnián èr líng èr èr nián.

▷ 今天二月二号星期二。　Jīntiān èryuè èr hào xīngqī'èr.

・生日＝誕生日

● 疑問は"几"jǐ を用いる．

你的生日几月几号？　Nǐ de shēngrì jǐ yuè jǐ hào？　今天星期几？Jīntiān xīngqī jǐ?

去年 qùnián	上个月 shàng ge yuè	上（个）星期 shàng (ge) xīngqī	昨天 zuótiān
今年 jīnnián	这个月 zhèige yuè	这（个）星期 zhèi (ge) xīngqī	今天 jīntiān
明年 míngnián	下个月 xià ge yuè	下（个）星期 xià (ge) xīngqī	明天 míngtiān

2 "快～了" kuài～le　── 快到八月十五中秋节了！

"快"は通常"了"を伴い「もうすぐ～になる」の意を表す．

▷ 快放春假了。　　　　　　Kuài fàng chūnjià le.
▷ 快二十岁了。　　　　　　Kuài èrshí suì le.
▷ 饭菜快凉了，先吃吧。　　Fàncài kuài liáng le, xiān chī ba.

・放＝(休みに)なる
・春假＝春休み
・饭菜＝ご飯とおかず
・凉＝冷める
・先＝先に

ソクレン！ソクレン！

1 次の質問に中国語で答えなさい．

(1) 今天星期几？　_____

(2) 你的生日几月几号？　_____

2 次の文を中国語に訳しなさい．

(1) もうすぐ19歳になります．　_____

(2) もうすぐ夏休み（"暑假"shǔjià）になります．　_____

3　状態の変化や新事態の発生を表す"了" le（文末の"了"） ── *现在已经九月了啊！*

「〜た」「〜なった」．文末に置かれ文全体にかかる．

- 已经九月了。　Yǐjīng jiǔyuè le.
- 我十九岁了。　Wǒ shíjiǔ suì le.
- 你累了吧？　Nǐ lèi le ba?　──我不累。Wǒ bú lèi.

  ● ある事柄が実現したことを表す．
  昨天我去打工了。　Zuótiān wǒ qù dǎgōng le.
  他已经回国了吗？　Tā yǐjīng huí guó le ma?

  ・累 = 疲れる
  ・打工 = アルバイトする

4　前置詞の"跟" gēn ── *跟家里人一起，〜*

「〜と」「〜に」動作や比較の対象を示す．

- 我跟我朋友一起去。　Wǒ gēn wǒ péngyou yìqǐ qù.
- 我想跟他学汉语。　Wǒ xiǎng gēn tā xué Hànyǔ.

5　"一边〜一边…" yìbiān 〜 yìbiān … ── *一边吃月饼一边赏月。*

二つの動作が同時に進行することを表す．

- 他们一边工作一边学习。　Tāmen yìbiān gōngzuò yìbiān xuéxí.
- 一边走路一边看手机很不安全。
  Yìbiān zǒulù yìbiān kàn shǒujī hěn bù ānquán.

・学习 = 勉強する
・走路 = 歩く
・安全 = 安全である

3　次の文を中国語に訳しなさい．（文法ポイント3と4）

(1) もう10月になりました．
(2) 私は疲れました．
(3) 私たちは先生と一緒に北京に行きます．

4　次の語を使って"一边〜一边…"の文を作り，さらに日本語に訳しなさい．（文法ポイント5）

(1) 咱们　喝茶　赏月　吧
(2) 她　吃饭　看书

会話練習

1 カレンダー

	12 DECEMBER					
Sun.	Mon.	Tues.	Wed.	Thurs.	Fri.	Sat.
	1	A	3	4	5	B
7	8	9	10	C	12	13
D	15	16	E	18	19	20
21	22	23	24	25	F	27
28	G	30	31			

● イラストのカレンダーを見てAからGの日付と曜日を言ってみましょう．

A　今天几月几号星期几？　　　　　　　　Jīntiān jǐ yuè jǐ hào xīngqī jǐ?

B　今天 12 月 _____ 号星期 _____ 。　Jīntiān shí'èryuè _____ hào xīngqī _____.

こんなに違う 日中同形異義語

"颜色" yánsè　"翻译" fānyì　"校长" xiàozhǎng

日本語のほうが意味が狭く，特定化している場合もある．"颜色"は中国では「色」という意味だ．ところが日本語は「顔の色」だ．指示範囲がせまくなる．"翻译"は中国では「翻訳」と「通訳」の両方の意味がある．ところが日本語は筆記「翻訳」の意味しかない．"校长"は中国では「学校の長」である．小学校から中高，さらに大学の長も含まれる．ところが日本では「校長」は大学のそれを含まない．大学には学長とか総長といったもっと偉そうな名前を用意している．

2 中国の主な伝統祝日

●イラストを見ながら下線部を他の語に置き換えて練習してみましょう．

A　快到 <u>中秋节</u> 了！　　　　　Kuài dào <u>Zhōngqiūjié</u> le!

B　几月几号　是 <u>中秋节</u>？　　Jǐ yuè jǐ hào shì <u>Zhōngqiūjié</u>?

A　<u>阴历　八月　十五（号）</u>。　<u>Yīnlì bāyuè shíwǔ(hào)</u>.
　　　　　　　　　　　　　　　　（日にちが２音節以上の場合，"号"を省略することがある）

いぶこみ16景
Ibukomi 16

花を彼女の職場に送る

中国のバレンタイン（"情人节"Qíngrénjié）は男が女性にバラの花を贈る．それも９本や99本なら"久久"jiǔjiǔ（いつ久しく）に掛けて縁起がよい．花はわざわざ彼女の職場に送ることが多い．愛されていることを周囲の人に見せるためだ．二人だけでひっそり愛をはぐくむというのではいまひとつ面白くないのだ．

Dì shíwǔ kè

第十五课

食事の前は

いぶこみ
フォトログ

大学の中の図書館の外観．そのデザイン感覚の自由かつ大胆さは目をみはるものがある．

単語

CD-75

上次	shàngcì	名 前回．（今回→"这次"zhèicì．次回→"下次"xiàcì）．
事情	shìqing	名 事．事柄．用事．（量詞は"件"jiàn）．
过去	guòqu	動 過ぎる．去る．
月	yuè	名 （時間の単位）の月．
点	diǎn	量 ～時．（時刻の単位）．
半	bàn	数 半分．（時刻の場合は30分を表す）．
渴	kě	形 のどが渇いている．

家	jiā	量 軒．（家，店，会社などを数える）．
咖啡馆儿	kāfēiguǎnr	名 喫茶店．コーヒーショップ．
挺～（的）	tǐng～(de)	副 なかなか．けっこう．
马上	mǎshàng	副 すぐに．直ちに．
就	jiù	副 すぐに．じきに．
吃饭	chī fàn	組 食事をする．ご飯を食べる．
别	bié	副 ～するな．（禁止を表す）．
咖啡	kāfēi	名 コーヒー．

本文

CD-76

高桥： 上次 太 谢谢 你 了。
Shàngcì tài xièxie nǐ le.

孙明： 上次？ 什么 事情？
Shàngcì? Shénme shìqing?

高桥： 中秋节 你 请 我 吃 月饼 啊。
Zhōngqiūjié nǐ qǐng wǒ chī yuèbing a.

孙明： 你 太 客气 了，已经 过去 一 个 月 了。
Nǐ tài kèqi le, yǐjīng guòqu yí ge yuè le.

高桥： 四 点 半 了。你 渴 不 渴？
Sì diǎn bàn le. Nǐ kě bu kě?

孙明： 不 渴。
Bù kě.

高桥： 你 看，这 家 咖啡馆儿 挺 不错 的。
Nǐ kàn, zhèi jiā kāfēiguǎnr tǐng búcuò de.

孙明： 马上 就 吃饭 了，别 喝 咖啡 了。
Mǎshàng jiù chī fàn le, bié hē kāfēi le.

第十五課

中国人はおごってもらった時など，その場でお礼をいうが，日本人のように後からまたお礼を言ったりしない．なんだか「またおごってください」と催促しているように聞こえるという．

文法メモ

1. **時刻の言い方**
   名詞述語文
   動詞述語文のとき，時刻は動詞の前

2. **時間量の言い方**
   時間量は動詞の後

3. **禁止表現 "别" bié**
   「〜するな」「〜してはいけない」

4. **"挺" tǐng**
   「なかなか」「けっこう」
   程度を表す副詞．口語表現

文法ポイント

1 時刻の言い方

「〜時」は"点"diǎn,「〜分」は"分"fēn.

1:00	一点 yì diǎn		2:00	两点 liǎng diǎn
2:02	两点零二分 liǎng diǎn líng èr fēn			
3:15	三点一刻 sān diǎn yí kè	= 三点十五分 sān diǎn shíwǔ fēn	（刻＝15分間）	
4:30	四点半 sì diǎn bàn	= 四点三十分 sì diǎn sānshí fēn		
5:45	五点三刻 wǔ diǎn sān kè	= 五点四十五分 wǔ diǎn sìshiwǔ fēn		
9:55	差五分十点 chà wǔ fēn shí diǎn	= 九点五十五分 jiǔ diǎn wǔshiwǔ fēn	（差＝足りない）	

● 「何時何分」は"几点几分"jǐ diǎn jǐ fēn

现在几点？ Xiànzài jǐ diǎn?

● 時刻を表すことばは動詞の前に置く.

你晚上几点回来？ Nǐ wǎnshang jǐ diǎn huílai?
汉语课九点开始。 Hànyǔ kè jiǔ diǎn kāishǐ.

- 早上 zǎoshang （朝）
- 上午 shàngwǔ （午前）
- 中午 zhōngwǔ （昼頃）
- 下午 xiàwǔ （午後）
- 晚上 wǎnshang （夜）

- 课＝授業
- 开始＝始まる

2 時間量の言い方

一年 yì nián (1年間)	两个月 liǎng ge yuè (2ヶ月)	三个星期 sān ge xīngqī (3週間)
四天 sì tiān (4日間)	五个小时 wǔ ge xiǎoshí (5時間)	六分钟 liù fēnzhōng (6分間)
一个半小时 yí ge bàn xiǎoshí (1時間半)		

ソクレン！ソクレン！

1 次の時刻を中国語で言いなさい．

(1) 2時20分　　　　　　　　　(2) 1時半
(3) 7時5分前　　　　　　　　(4) 朝6時
(5) 午前8時15分　　　　　　(6) 午後3時45分

2 次の（　）に適切な語（漢字）を入れ，さらに　　にピンインを書き入れなさい．

(1) 一天有二十四（　　）　　　　(2) 一个星期有七（　　）
(3) 一个小时有六十（　　）　　　(4) 一年有十二（　　）

時間量を表すことばは動詞の後ろに置く．

> 你每天睡几个小时？ Nǐ měitiān shuì jǐ ge xiǎoshí?
>> ——睡七个小时左右。 Shuì qī ge xiǎoshí zuǒyòu.

● 疑問には "多少～" duōshao, "多长时间" duō cháng shíjiān なども用いる．

> 从你家到学校要多长时间？ Cóng nǐ jiā dào xuéxiào yào duō cháng shíjiān?
>> ——要三十分钟。 Yào sānshí fēnzhōng.

- 每天 = 毎日
- 睡 = 眠る
- 左右 = ぐらい
- 到 = まで
- 要 = かかる
- 多长时间 = どれくらいの時間

3 禁止表現 "别" bié —— 别喝咖啡了。

動詞の前に置いて禁止の意味を表す．

> 你别客气。 Nǐ bié kèqi.
> 别生气！ Bié shēngqì!

"不要" búyào も禁止の意味を持つ．

> 上课的时候，不要说话。 Shàngkè de shíhou, búyào shuōhuà.

- 生气 = 怒る
- 的时候 = ～の時
- 不要 = ～するな
- 说话 = おしゃべりする．話をする

4 "挺" tǐng —— 这家咖啡馆儿挺不错的。

話し言葉で「なかなか」「けっこう」．よく確認の語気助詞 "的" de を伴う．

> 这家餐厅的菜挺好吃的。 Zhèi jiā cāntīng de cài tǐng hǎochī de.
> 他挺认真的。 Tā tǐng rènzhēn de.

- 餐厅 = レストラン
- 认真 = まじめだ

即練習!!

3 次の文を日本語に訳しなさい．

(1) 吃饭的时候，别看电视。

(2) 你别看我的信。

(3) 上课的时候，不要喝饮料。

4 次の文を中国語に訳しなさい．

(1) この料理はなかなか美味しい．

(2) あなたの服、なかなかきれいです．

会話練習

1 高橋さんの一日

6:30 起床 qǐchuáng（起床）　7:00 吃早饭 chī zǎofàn（朝食を食べる）　8:15 上学 shàngxué（登校する）　夜7:00 回家 huí jiā（帰宅する）

7:40 吃晚饭 chī wǎnfàn（夕飯を食べる）　9:00 洗澡 xǐzǎo（入浴する）　10:00 睡觉 shuìjiào（寝る）

● イラストを見ながら下線部を他の語に置き換え「高橋さんの1日」を言ってみましょう．

她 <u>六点半</u> <u>起床</u>。　Tā liù diǎn bàn qǐchuáng.

こんなに違う 日中同形異義語

"质问" zhìwèn　"老百姓" lǎobǎixìng

日中同形語では時々誤解が生まれることがある．
たとえば「一つ質問があるのですが」という意味で"质问"をつかい，"我有一个质问"と言ってはならない．中国語で"质问"は「詰問する，厳しく問いただす」という意味になるから．"我有一个问题" Wǒ yǒu yí ge wèntí. と"问题"を使えばよい．また，相手が自分のことを"老百姓"と言ったら，決して「年老いた農民」と理解してはいけない．"老百姓"とは「ふつうの庶民」という意味だ．

2 どれくらいかかる？

京都 Jīngdū　　富士山 Fùshìshān

新干线 xīngànxiàn（新幹線）　　大巴 dàbā（バス）　　飞机 fēijī（飛行機）　　船 chuán（船）

●イラストを見て下線部を他の語に置き換え，東京から各地への行き方と時間を言ってみましょう．

A　从东京到<u>京都</u> 坐 <u>新干线</u> 要 多长时间？
　　Cóng Dōngjīng dào Jīngdū zuò xīngànxiàn yào duō cháng shíjiān?

B　从东京到<u>京都</u> 坐 <u>新干线</u> 要 <u>一百四十分钟</u>。
　　Cóng Dōngjīng dào Jīngdū zuò xīngànxiàn yào yìbǎi sìshí fēnzhōng.

Ibukomi 16
いぶこみ16景

遅刻の言い訳

中国人が遅刻する．待ち合わせ場所に急ぎながら頭の中では必死に言い訳を考える．日本人は一言「ごめん」と言ってもらい，早く今日の活動に移りたい．それなのに「実は…」と，こと細かく言い訳を始める中国人にいらつく．中国人は決してあなたの面子をつぶすような理由で遅れたのではないと一生懸命説明しているのに，なぜ怒り出すのか分からない．

プーチンさん，また遅刻ですか

第十六课

Dì shíliù kè

手作り料理

いぶこみ フォトログ

嫁ぐ日．農村の婚礼の様子．純白のウエディングドレスがまぶしい．

単語

CD-78

会	huì	助動	できる．（学習や練習の結果できることを表す）．
做	zuò	動	作る．
菜	cài	名	料理．おかず．野菜．
男孩子	nánháizi	名	男の子．
一般	yìbān	形	普通の．一般の．
中国菜	Zhōngguócài	名	中華料理．
没问题	méi wèntí	組	問題ない．大丈夫だ．
下星期天	xià xīngqītiān	組	来週の日曜日
来	lái	動	来る．
家	jiā	名	家．
好	hǎo	形	〜し終わる．しあげる．（動詞の後ろに結果補語として用いられ，動作が首尾よく完成したことを表す）．
凉拌	liángbàn	動	冷たい和え物にする．
西红柿	xīhóngshì	名	トマト．
上面	shàngmiàn	名	上の方．上部．
白糖	báitáng	名	白砂糖．
尝	cháng	動	味見する．味わう．

本文

高桥： 你 会 做 菜 吗？
　　　Nǐ huì zuò cài ma?

孙明： 会 啊。中国 的 男孩子 一般 都 会 做 菜。
　　　Huì a. Zhōngguó de nánháizi yìbān dōu huì zuò cài.

高桥： 我 想 吃 你 做 的 中国菜。
　　　Wǒ xiǎng chī nǐ zuò de Zhōngguócài.

孙明： 没 问题。下 星期天 你 来 我 家 吧。
　　　Méi wèntí. Xià xīngqītiān nǐ lái wǒ jiā ba.

＊＊＊＊＊＊＊＊

高桥： 小孙，做好 了 吗？
　　　Xiǎo-Sūn, zuòhǎo le ma?

孙明： 做好 了！凉拌 西红柿！
　　　Zuòhǎo le! Liángbàn xīhóngshì!

高桥： 上面 是 什么？
　　　Shàngmiàn shì shénme?

孙明： 白糖。你 尝尝！很 好吃 的。
　　　Báitáng. Nǐ chángchang! Hěn hǎochī de.

男子厨房に入る中国人．料理なら女房よりうまいと自慢する夫も多い．またスイカやトマトに塩ではなくて，砂糖をかける習慣もある．

第十六課

文法メモ

1. **助動詞の"会" huì**

   習得して「できる」
   可能性を表す．「〜だろう」「〜のはずだ」

2. **結果補語**

   動詞＋（動詞／形容詞）
   動作行為の結果まで含めた言い方

3. **"不" bù と "没" méi**

   "不"→意志・習慣の否定
   "没"→動作の発生・存在の否定

4. **方位詞**

   「上下左右前後内外東西南北」など

文法ポイント

1 助動詞の"会" huì —— 你会做菜吗？

「～できる」．ある技能を習得した結果できることを表す．否定は"不"．

> 她会说汉语。　　Tā huì shuō Hànyǔ.
> 你会打网球吗？　Nǐ huì dǎ wǎngqiú ma?
> 　——会一点儿。 Huì yìdiǎnr.
> 你会不会喝酒？　Nǐ huì bu huì hē jiǔ?

・打 = 打つ．（競技を）する
・网球 = テニス

● 可能性の"会" huì

「～だろう」「～のはずだ」．可能性、蓋然性を表し，多く"的"deをともなう．

> 他一定会来的。　　　　　Tā yídìng huì lái de.
> 这件事他们不会知道的。　Zhèi jiàn shì tāmen bú huì zhīdao de.

・一定 = きっと．かならず
・知道 = 知る
・事 = こと．事柄

2 結果補語 —— 小孙，做好了吗？

動詞＋結果を表す動詞・形容詞．否定は"没(有)"．

做（スル）＋ 好（満足な状態になる） → 「仕上げる」「出来あがる」

> 他已经找到工作了。　　　　Tā yǐjīng zhǎodào gōngzuò le.
> 今天的作业，我还没做完。　Jīntiān de zuòyè, wǒ hái méi zuòwán.
> 第十三课的生词，你们记住了没有？→反復疑問
> 　Dì shísān kè de shēngcí, nǐmen jìzhù le méiyou?

・找到 = 見つける
・做完 = やり終える
・生词 = 新出単語
・记住 = 覚えこむ

ソクレン！ソクレン！

1 次の文を中国語に訳しなさい．

(1) あなたは英語が話せますか？

(2) 私はテニスができません．

(3) 彼は帰ってくるはずです．

2 日本語の意味になるように（　）に適切な語を入れなさい．

(1) 書き終えた　　写（　　）了　　(2) 覚えこんだ　　记（　　）了
(3) 聞いてわかった　听（　　）了　　(4) 見えた　　　　看（　　）了

結果補語となる動詞や形容詞でよく使われるもの.

動詞		形容詞	
～着 zháo	睡着 shuìzháo（眠り込む）	～错 cuò	写错 xiěcuò（書き間違える）
～懂 dǒng	听懂 tīngdǒng（聞いてわかる）	～光 guāng	用光 yòngguāng（使いきる）
～见 jiàn	看见 kànjiàn（目に入る．見える）	～惯 guàn	吃惯 chīguàn（食べ慣れる）

3 "不" bù と "没" méi

"不"は「～でない」「～しない」意志・習慣の否定．未来の打ち消し．
- 我不是中国人。　Wǒ bú shì Zhōngguórén.
- 我不去。　　　　Wǒ bú qù.（行かない）

"没"は「～しなかった」「～てない」「～がない」動作の発生・存在の否定．
- 我没去。　　　　Wǒ méi qù.（行かなかった，行ってない）
- 我没去过。　　　Wǒ méi qùguo.（行ったことがない）

4 方位詞

		里 lǐ	外 wài	上 shàng	下 xià	前 qián	后 hòu	
边（儿）bian(r)		里边（儿）	外边（儿）	上边（儿）	下边（儿）	前边（儿）	后边（儿）	对面
面　　miàn		里面	外面	上面	下面	前面	后面	duìmiàn
		左 zuǒ	右 yòu	东 dōng	南 nán	西 xī	北 běi	
边（儿）bian(r)		左边（儿）	右边（儿）	东边（儿）	南边（儿）	西边（儿）	北边（儿）	旁边（儿）
面　　miàn		—	—	东面	南面	西面	北面	pángbiān(r)

単純方位詞（一音節）と合成方位詞（二音節）がある．（"里""上"→第9課）
- 外边儿非常冷。　Wàibianr fēicháng lěng.

・非常 = 非常に

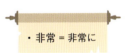

3 次の文を日本語に訳しなさい．
(1) 他不学汉语。
(2) 他没学过汉语。
(3) 我还没吃午饭。(wǔfàn 昼食)

4 次の文を日本語に訳しなさい．
(1) 地铁站在学校对面。
(2) 车站前面有一家餐厅。

会話練習

1 いろいろなスポーツ

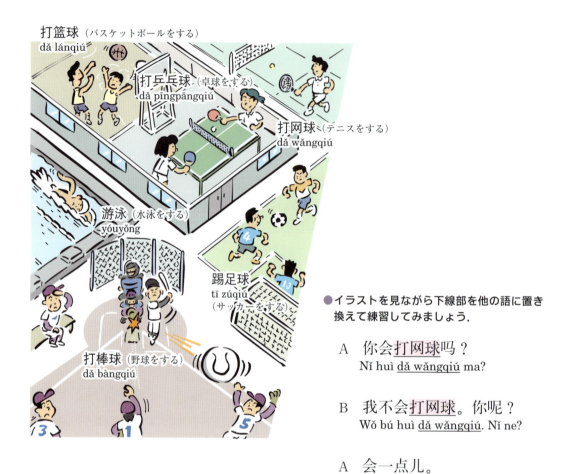

●イラストを見ながら下線部を他の語に置き換えて練習してみましょう.

A 你会<u>打网球</u>吗？
　Nǐ huì dǎ wǎngqiú ma?

B 我不会<u>打网球</u>。你呢？
　Wǒ bú huì dǎ wǎngqiú. Nǐ ne?

A 会一点儿。
　Huì yìdiǎnr.

こんなに違う 日中同形異義語

"汤" tāng

　その昔，中国人留学生が大きく"湯"の字が書かれてある建物の前を通りかかった。中国語ではこれは「スープ」の意味だ。どうも日本人は洗面器を持ってスープを買いにゆくらしい。入り口から覗いてみると「男湯」「女湯」とある。なんと，男も女もスープの原料にされるようだ。すすんで着物を脱いでいるではないか。恐くなってあとずさりすると，大きな煙突が目に入った。モクモクと煙があがっている。さては男も女も煮られてスープにされている煙に違いない。大変な国に来てしまった！

2 いろいろなスポーツ

●イラストを見て下線部を他の語に置き換え，適切な方位詞を入れて練習してみましょう．

A 请问，<u>图书馆</u>在哪儿？
　Qǐngwèn, túshūguǎn zài nǎr?

B <u>图书馆</u>在<u>办公楼</u><u>南面</u>。
　Túshūguǎn zài bàngōnglóu nánmiàn.

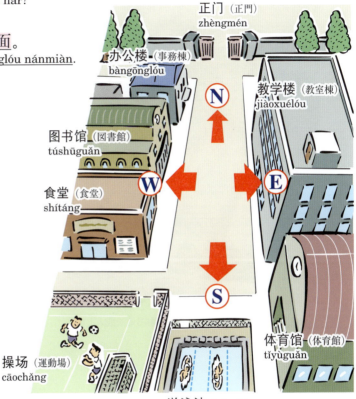

第十六課

いぶこみ16景

おかずがない！

お店で餃子を頼む．中国では"水饺"shuǐjiǎo という茹でた餃子が普通だが，日本では"锅贴"guōtiē という「焼き餃子」が出てくる．これにラーメンをつける．さらにご飯やチャーハンをとったりする．食欲旺盛な男子学生にはよくある注文だ．これを見て中国人は大いに驚く．すべて主食でおかずがないではないか！

第十七课 Dì shíqī kè

カニの季節

いぶこみ フォトログ

新たな公民の誕生．中国では満18歳で成人となる．

単語

CD-81

螃蟹	pángxiè	名	カニ．
大	dà	形	大きい．
过瘾	guòyǐn	形	堪能できる．十分に満足できる．
眼下	yǎnxià	名	目下．当面．
季节	jìjié	名	季節．
点儿	diǎnr	量	少し．（少数，少量を表す）．
酒	jiǔ	名	酒．
成年	chéngnián	動	成年になる．
能	néng	助動	①（周囲の条件、道理から言って）できる．許される．②（能力があって）できる．
在	zài	前	～で．～に．（場所や時間を表す）
算	suàn	動	～と見なす．～と認める．
可是	kěshì	接	しかし．けれど．だが．
这里	zhèli	代	ここ．そこ．
再	zài	副	再び．もう一度．さらに．
要	yào	動	ほしい．注文する．必要とする．
只	zhī	量	動物を数える．
这么	zhème	代	こんなに．
得	de	助	動詞と補語の間に置き可能を表す．
了	liǎo	動	動詞の後に，"～得了"～deliǎoと続けて可能を表す．不可能を表す場合は"～不了"buliǎo．

本文

第十七課

CD-82

孙明： 螃蟹 真 大！ 真 过瘾！
Pángxiè zhēn dà! Zhēn guòyǐn!

高桥： 眼下 正 是 吃 螃蟹 的 季节。
Yǎnxià zhèng shì chī pángxiè de jìjié.

孙明： 我 可以 喝 点儿 酒 吗？
Wǒ kěyǐ hē diǎnr jiǔ ma?

高桥： 你 还 没有 成年， 不 能 喝 酒。
Nǐ hái méiyou chéngnián, bù néng hē jiǔ.

孙明： 在 中国 十八 岁 就 算 成年。
Zài Zhōngguó shíbā suì jiù suàn chéngnián.

高桥： 可是， 这里 是 日本 啊……
Kěshì, zhèli shì Rìběn a……

孙明： 好 吧， 那 我 再 要 一 只 螃蟹 吧。
Hǎo ba, nà wǒ zài yào yì zhī pángxiè ba.

高桥： 要 这么 多， 你 吃得了 吗？
Yào zhème duō, nǐ chīdeliǎo ma?

18歳から大人の中国．日本も18歳から選挙権が与えられるようになったが，酒やタバコはまだ許されていない．

文法メモ

1. 助動詞 "能" néng
   能力や条件を備えていて「できる」

2. 前置詞の "在" zài
   「〜で」「〜に」．動詞句の前に置かれる．

3. "再" zài
   「また」「さらに」「再び」

4. 可能補語
   「〜できない／〜できる」
   V + "不" bu ／ "得" de + 結果／方向補語　など．

111

文法ポイント

1 助動詞 "能" néng ── 你还没有成年，不能喝酒。

CD-83

▍周囲の事情、道理、条件からいって「できる」ことを表す．

> 喝了酒不能开车。　　　　Hē le jiǔ bù néng kāichē.
> 学校里不能抽烟。　　　　Xuéxiào li bù néng chōu yān.

- 开车 = 車を運転する
- 抽烟 = たばこを吸う
- 中文报 = 中国語の新聞
- 病 = 病気
- 游 = 泳ぐ
- 米 = メートル

▍能力が備わっていて「できる」ことを表す．

> 他能看中文报。　　　　　Tā néng kàn Zhōngwénbào.
> 病好了，能去上课了。　　Bìng hǎo le, néng qù shàngkè le.

▍具体的な到達度を表すとき，"能"を使う．

> 你能游多少米？　　　　　Nǐ néng yóu duōshao mǐ?
> ──我能游一千米。　　　Wǒ néng yóu yìqiān mǐ.

2 前置詞の "在" zài ── 在中国十八岁就算成年。

「～で」「～に」．　"在"＋場所・時間を表すことば＋動詞句

- 查 = 調べる
- 资料 = 資料
- 旅行社 = 旅行社

> 我在图书馆查资料。　　　　Wǒ zài túshūguǎn chá zīliào.
> 你爸爸在哪儿工作？　　　　Nǐ bàba zài nǎr gōngzuò?
> ──他在旅行社工作。　　　Tā zài lǚxíngshè gōngzuò.
> 我不在家吃饭，在餐厅吃饭。　Wǒ bú zài jiā chīfàn, zài cāntīng chīfàn.
> （家ではなく，レストランで食事をする）

ツクレン！ツクレン！

1 次の語を並べ換えて意味の通る文にしなさい．

(1) 喝酒／不／能／教室里／。

(2) 吃／能／你／螃蟹／吗／？

2 次の文を中国語に訳しなさい．

(1) あなたたちは今日どこで食事をしますか？

(2) 私の兄はアメリカで仕事をしています．

3　"再" zài　——*那我再要一只螃蟹吧。*

「また」「さらに」「もう一度」．追加・継続・重複などを表す．

> 请你再说一遍。Qǐng nǐ zài shuō yí biàn.

> 先查生词，然后再念课文吧。
> Xiān chá shēngcí, ránhòu zài niàn kèwén ba.

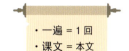

・一遍＝1回
・课文＝本文

 4　可能補語　——*你吃得了吗？*

「～できる／～できない」動詞＋"得"de／"不"bu＋結果補語／方向補語　など．

做完：	做得完 zuòdewán ⇔	做不完 zuòbuwán	（やり終えられる⇔やり終えられない）
听见：	听得见 tīngdejiàn ⇔	听不见 tīngbujiàn	（聞こえる⇔聞こえない）
回来：	回得来 huídelái ⇔	回不来 huíbulái	（帰ってこられる⇔帰ってこられない）
看懂：	看得懂 kàndedǒng ⇔	看不懂 kànbudǒng	（見て理解できる⇔見て理解できない）
——：	吃得了 chīdeliǎo ⇔	吃不了 chībuliǎo	（食べきれる⇔食べきれない）

> 电话里的声音太小了，我听不见。
> Diànhuà li de shēngyīn tài xiǎo le, wǒ tīngbujiàn.

> 去北海道当天回得来回不来？
> Qù Běihǎidào dàngtiān huídelái huíbulái?

> 菜太多了，我吃不了。
> Cài tài duō le, wǒ chībuliǎo.

・声音＝音，声
・北海道＝北海道
・当天＝その日のうち

即練習!!

3　次の文を中国語に訳しなさい．

(1) 私はコーヒーがもう一杯欲しいです．＿＿＿＿＿＿＿＿

(2) 先に新出単語を読んでそれから本文を読みましょう．＿＿＿＿＿＿＿＿

4　次の（　）に適切な漢字一字を入れて可能／不可能の意味を表す文にしなさい．

(1) 中文报太难，我看（　　　）（　　　）。

(2) 菜不那么多，吃（　　　）（　　　）。（nàme→そんなに）

(3) 这么多的作业，我一天做（　　　）（　　　）。

会話練習

1 いろいろな禁止マーク

禁打手机
jìn dǎ shǒujī
（携帯電話使用禁止）

禁止滑冰
jìnzhǐ huábīng
（スケート禁止）

禁止游泳
jìnzhǐ yóuyǒng
（遊泳禁止）

禁止拍摄
jìnzhǐ pāishè
（撮影禁止）

●イラストの「いろいろな禁止マーク」を見て，下線部を他の語に置き換えて練習してみましょう．

A 请问，这是什么意思？　　Qǐngwèn, Zhè shì shénme yìsi?（"意思" = 意味）

B 是不能<u>打手机</u>的意思。　　Shì bù néng <u>dǎ shǒujī</u> de yìsi.

こんなに違う 日中同形異義語

"节目" jiémù　"新闻" xīnwén　"小康状态" xiǎokāng zhuàngtài

50年の節目，などというが，この節目，簡体字では"节目"と書き，「番組，プログラム」という意味になる．"新闻"も新聞ではなく「ニュース」という意味だ．一方，中国語で新聞は"报纸"bàozhǐと言う．最近よく中国の新聞で目にする"小康状态"は，まずまずの経済状態，暮らしぶりを言うが，日本語の「小康状態」は，病状が一応安定していることを言う．

2　いろいろな会社

貿易公司（貿易会社）　　航空公司（航空会社）　　房地产公司（不動産会社）　　家电厂家（家電メーカー）
màoyì gōngsī　　　　　hángkōng gōngsī　　　　fángdìchǎn gōngsī　　　　　jiādiàn chǎngjiā

●イラストの「いろいろな会社」を見て，下線部を他の語に置き換えて言ってみましょう．

A　你爸爸在哪儿工作？　　　　Nǐ bàba zài nǎr gōngzuò?

B　他在<u>贸易公司</u>工作。　　　　Tā zài <u>màoyì gōngsī</u> gōngzuò.

いぶこみ16景

騙されるほうが悪い

人はあまりに善良で疑うことを知らないと騙される．騙される方がマヌケであり，あまり同情されない．獣道にワナを仕掛け獲物を獲る．それは狩猟の民として誉められこそすれ，悪い事ではない．策略を考え，相手を陥れたのは諸葛孔明ではなかったか．彼は尊敬されている．
ビジネスなどにおいて相手にスキがあれば，策を弄し，陥れ，より多くのお金を得るのは正当な行為である．中国はそう考える．

第十八课

Dì shíbā kè

スキー場で

いぶこみ フォトログ

春節の後，はじめての満月の夜（陰暦1月15日）は"元宵节"Yuánxiāojiéと呼ばれ，盛大に祝われます。

单语　　　　　　　　　　　　　　　　　　　　　　　　　　　CD-84

滑雪	huáxuě	動	スキーをする.
滑	huá	動	滑る.
得	de	助	動詞、形容詞の後において，様態，結果や程度を表す補語を導く.
来	lái	動	進んである行為を行う.
教	jiāo	動	教える.
拜托	bàituō	動	お願いする.
照	zhào	前	～の通りに．～に照らして.
样子	yàngzi	名	様子．格好．手本.
弯腰	wān yāo	組	腰を曲げる．腰をかがめる.
前方	qiánfāng	名	前方．前.
头	tóu	名	頭.
疼	téng	形	痛い．痛む.
发烧	fāshāo	動	熱を出す．熱が出る.
用	yòng	前	～を用いて．～で.
冷敷	lěngfū	動	冷湿布する.
一下	yíxià	数量	ちょっと．（動詞の後に用いて，その動作を試みにやってみる．あるいは少しの間やることを表す）.
不行	bùxíng	形	いけない．だめだ．よくない.
给	gěi	動	あげる．わたす．（二重目的語をとる）.
杯	bēi	量	コップなどの容器を単位に液体を数える.
热水	rèshuǐ	名	お湯.
退烧	tuìshāo	動	熱を下げる．熱が下がる.

本文

孙明: 理惠，你 滑雪 滑得 真 好！
Lǐhuì, nǐ huáxuě huáde zhēn hǎo!

高桥: 来，我 教 你 滑。
Lái, wǒ jiāo nǐ huá.

孙明: 那 就 拜托 了。
Nà jiù bàituō le.

高桥: 照 我 的 样子，弯腰，看 前方。
Zhào wǒ de yàngzi, wān yāo, kàn qiánfāng.

* * * * * * * *

孙明: 哎呀！ 我 的 头 好 疼……
Āiyā! Wǒ de tóu hǎo téng……

高桥: 你 发烧 了，用 冰 冷敷 一下 吧。
Nǐ fāshāo le, yòng bīng lěngfū yíxià ba.

孙明: 不行 不行，给 我 一 杯 热水 吧。
Bùxíng bùxíng, gěi wǒ yì bēi rèshuǐ ba.

高桥: 喝 热水 能 退烧 吗？
Hē rèshuǐ néng tuìshāo ma?

冷やすより温める中国．風邪で熱が出たときも，日本人は氷や水で冷やすのに驚く．また，冬スカートを穿いている女子高生，裸足で外を走り回る園児に驚きの目を向ける．

文法メモ

1. **様態補語と程度補語**
   様態補語→「〜のしかたが〜だ」「〜の結果〜だ」
   動作のありさまを具体的に描写説明する．
   程度補語→ありさまの程度を表す．

2. **前置詞の "用" yòng**
   「〜で」「〜を用いて」
   道具、方法、手段を表す．

3. **"一下" yíxià**
   「ちょっと（〜する／〜してみる）」

4. **二重目的語をとる動詞**
   "教" jiāo "给" gěi
   S + V + O₁ + O₂

文法ポイント

1 様態補語と程度補語

動詞や形容詞の後に置かれ，その様態や程度，結果を説明したり，描写したりする．実現済みのことや恒常的に行われていることを表す．

▍動詞／形容詞＋"得"de～

> 他跑得真快。　　　　　Tā pǎode zhēn kuài.
> 他每天起得很早。　　　Tā měitiān qǐde hěn zǎo.

▍動詞＋目的語＋動詞＋"得"de～　動詞に目的語が伴うときは，動詞を繰り返す．

> 她做菜做得非常好。　　Tā zuò cài zuòde fēicháng hǎo.
> 小孙滑雪滑得怎么样？　Xiǎo-Sūn huáxuě huáde zěnmeyàng?

一つ目の動詞は省略できる．

> 你(说)汉语说得真流利。Nǐ (shuō) Hànyǔ shuōde zhēn liúlì.

- 起 = 起床する
- 早 = (時間的に) 早い
　　　　(⇔ "晚" wǎn)
- 流利 = 流暢である

● 程度補語

"得"＋程度を表す語　"厉害"lìhai "很"hěn "不得了"bùdéliǎo　など．

> 我头疼得厉害。　　　Wǒ tóu téngde lìhai.
> 她每天忙得很。　　　Tā měitiān mángde hěn.
> 我高兴得不得了。　　Wǒ gāoxìngde bùdéliǎo.

- 厉害 = ひどい，激しい
- 忙 = 忙しい
- 高兴 = 嬉しい
- 不得了 = 〜でたまらない

ソクレン！ソクレン！

1 次の語を並べ換えて意味の通る文にしなさい．

(1) 我／晚／很／得／睡／每天／。

(2) 他／不太／得／滑／滑雪／好／。

(3) 我爸爸／忙／每天／很／得／。

2 次の文を中国語に訳しなさい．

(1) 彼は中国語で手紙を書きます．（"信"xìn）

(2) ペンでサインしてください．（"钢笔"gāngbǐ）

2 前置詞の"用" yòng ── 用冰冷敷一下吧。

・签字 ＝ サインする
・筷子 ＝ 箸

「〜で」「〜を用いて」．手段を表す．

> 可以用日语签字吗？　　　　Kěyǐ yòng Rìyǔ qiānzì ma?
> 中国人和日本人都用筷子吃饭。Zhōngguórén hé Rìběnrén dōu yòng kuàizi chī fàn.

 3 "一下" yíxià ── 用冰冷敷一下吧。

動詞の後に置き「ちょっと〜（する）」の意味を表す．

> 请在客厅里等一下。　　Qǐng zài kètīng li děng yíxià.
> 我去问一下老师。　　　Wǒ qù wèn yíxià lǎoshī.
> 请你自我介绍一下吧。　Qǐng nǐ zìwǒ jièshào yíxià ba.

・客厅 ＝ 応接間
・问 ＝ 問う．質問する
・自我介绍 ＝ 自己紹介する

 4 二重目的語をとる動詞 ── 我教你滑。给我一杯热水吧。

主語＋動詞＋間接目的語＋直接目的語

> 王老师教我们汉语。　　　　Wáng lǎoshī jiāo wǒmen Hànyǔ.
> 他给了我一张CD唱片。　　　Tā gěile wǒ yì zhāng CD chàngpiàn.
> 你叫我小孙吧。　　　　　　Nǐ jiào wǒ Xiǎo-Sūn ba.（→第6課）
> 收你五百日元吧。　　　　　Shōu nǐ wǔbǎi rìyuán ba.（→第12課）

・CD 唱片 ＝ CD

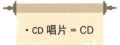
即練習!!

3 次の文を中国語に訳しなさい．

(1) どうぞここでちょっとお待ち下さい．　＿＿＿＿＿＿＿＿＿＿＿＿
(2) ちょっと見てください．　＿＿＿＿＿＿＿＿＿＿＿＿
(3) ちょっと休んでください．　＿＿＿＿＿＿＿＿＿＿＿＿

4 次の語を並べ換えて意味の通る文にしなさい．

(1) 李老师／我们／英语／教／。　　李老师＿＿＿＿＿＿＿＿＿＿
(2) 请你／我／教／滑雪／吧／。　　请你＿＿＿＿＿＿＿＿＿＿
(3) 叫／理惠／吧／我／。　　　　　叫＿＿＿＿＿＿＿＿＿＿

会話練習

1 身体部位名称

● イラストを見ながら下線部を他の語に置き換えて会話の練習をしてみましょう．

A 你哪儿不舒服？　　　　　　Nǐ nǎr bù shūfu?

B 我 <u>头</u> 疼得厉害。　　　　　Wǒ <u>tóu</u> téngde lìhai.

こんなに違う 日中同形異義語

「我慢」「泥棒」「面白い」「麻雀」

よく分からないが「がまん」をどうして「我慢」と書くのか．中国語の目でみると「私はのろい」だ．「どろぼう」はどうして「泥棒」なのか．これでは「泥の棒」ではないか．「おもしろい」はどうして「面白い」のか．中国人は「顔が白い」あるいは「麺が白い」としか思わない．マージャン屋さんはどうして「麻雀」という看板なのか．中国語では"麻雀" máquè は「スズメ」という意味だ．マージャンは"麻将" májiàng と言う．言葉の語源を探ってみたくなる。

会話練習

2 各種症状

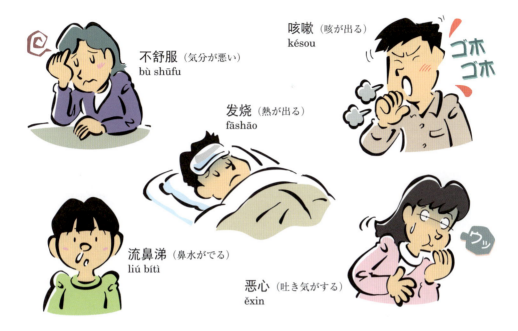

第十八課

●イラストを見て下線部を他の言葉に置き換えて練習してみましょう。（"有点儿"→ 少し．第19課）

A　你怎么了？　　　　　　　　　Nǐ zěnme le?

B　有点儿 <u>咳嗽</u>。　　　　　　　Yǒudiǎnr <u>késou</u>.

Ibukomi 16

いぶこみ16景

外でダンス

日本ではもっぱら屋内でやるが，中国人はよく外でやるもの．公園でのマージャンやトランプ，将棋それに京劇の練習．ダンスもそうだし太極拳もそうだ．家に籠もらず外に出て人に見せる．人と知り合え，友だちの輪も広がる．体にも心にもよい．昔は日本にも縁台将棋があった．

121

Dì shíjiǔ kè
第十九课 おみやげ

いぶこみ フォトログ

春節の時期は"庙会"miàohuì が開かれる。寺院の境内を利用して出店が並び，踊りや芝居が行われ，賑やかな縁日が立つ．

CD-87

単語

語	ピンイン	品詞	意味
身体	shēntǐ	名	身体．体．
有点儿	yǒudiǎnr	副	すこし．いささか．（主にあまり好ましくないことに使われる）．
大问题	dà wèntí	組	大きな問題
土特产	tǔtèchǎn	名	その土地の特産品．
正	zhèng	副	ちょうど～（している最中である）．
呢	ne	助	～しているところである．（動作，状況の継続を表す）．
些	xiē	量	①不特定の量を表す．②少し．ちょっと．
嗯	ǹg	感	うん．（わかったという返事を表す）．
海带	hǎidài	名	昆布．
让	ràng	動	～に～させる．
奶酪	nǎilào	名	チーズ．フロマージュ．
点心	diǎnxin	名	軽食．お菓子．
拿	ná	動	持つ．手に取る．
回去	huíqu	動	帰っていく．戻っていく．（補語として使われている）
等	děng	動	待つ．
着	zhe	助	～している．（動詞の後ろに付着し，動作や状態の持続を表す）．
问	wèn	動	問う．尋ねる．
邮寄	yóujì	動	郵送する．

本文

CD-88

高桥: 你 身体 怎么样 了？
Nǐ shēntǐ zěnmeyàng le?

孙明: 头 还 有点儿 疼，不过，没有 大 问题 了。
Tóu hái yǒudiǎnr téng, búguò, méiyou dà wèntí le.

高桥: 我 想 去 看看 土特产。
Wǒ xiǎng qù kànkan tǔtèchǎn.

孙明: 好 啊，我 也 正 想 去 呢。
Hǎo a, wǒ yě zhèng xiǎng qù ne.

* * * * * * * *

高桥: 你 买了 些 什么？
Nǐ mǎile xiē shénme?

孙明: 嗯，海带 是 我 妈妈 让 我 买 的，奶酪
Ǹg, hǎidài shì wǒ māma ràng wǒ mǎi de, nǎilào
是 给 老师 买 的，点心 是 给 朋友 买 的。
shì gěi lǎoshī mǎi de, diǎnxin shì gěi péngyou mǎi de.

高桥: 你 拿得回去 吗？
Nǐ nádehuíqu ma?

孙明: 你 在 这儿 等着 我，我 问问 能 不 能 邮寄。
Nǐ zài zhèr děngzhe wǒ, wǒ wènwen néng bu néng yóujì.

日本のお土産は温泉饅頭を1箱買って，皆さんでどうぞでよいが，中国は個人にあげるプレゼントという色彩が強い．リストを見ながら，個々人にふさわしい，頼まれたプレゼントを買う中国人．だから爆買いもおこる．

文法メモ

1. "有点儿" yǒudiǎnr と "一点儿" yìdiǎnr
   「少し」「ちょっと」

2. 進行の表し方
   「〜しているところだ」

3. "是〜的" shì〜de
   「〜たのです」既成の事柄について説明

4. "让" ràng 使役文
   「〜に〜させる」

5. "〜着" 〜zhe
   「〜ている」動作や状態の持続を表す．

文法ポイント

1 "有点儿" yǒudiǎnr と "一点儿" yìdiǎnr —— 头还有点儿疼。

"有点儿"は形容詞などの前に置き，不本意なことに使われることが多い．

> 我今天有点儿不舒服。 Wǒ jīntiān yǒudiǎnr bù shūfu.
> 这个菜有点儿辣。 Zhèige cài yǒudiǎnr là.

・舒服＝気分がよい
・辣＝辛い
・暖和＝暖かい

"一点儿"は形容詞などの後に置き，比較してその差が小さいことを表す．

> 今天比昨天暖和一点儿。 Jīntiān bǐ zuótiān nuǎnhuo yìdiǎnr.

2 進行の表し方 —— 我也正想去呢。

```
   VP 呢
在  VP
正  VP 呢
```
〔VP→動詞句〕

・干＝する，やる
・电视＝テレビ

この3パターンがあり，互いに組み合わせてもよい．

> 他干什么呢？ Tā gàn shénme ne? → "呢"は口語的．
> ——他看电视呢。 Tā kàn diànshì ne.
> 她在画什么呢？ Tā zài huà shénme ne?
> 我也正想去买东西呢。 Wǒ yě zhèng xiǎng qù mǎi dōngxi ne.

3 "是～的" shì～de —— 海带是我妈妈让我买的，奶酪是给老师买的，点心是给朋友买的。

実現済みの事柄について時間・場所・方法などを強調して説明する時に用いる．

> 这件衣服是什么时候买的？ Zhèi jiàn yīfu shì shénme shíhou mǎi de?
> 她是从北京来的。 Tā shì cóng Běijīng lái de.
> 我不是骑自行车来的。 Wǒ bú shì qí zìxíngchē lái de.
> （否定は"不是"）

・什么时候＝いつ
・骑＝（またいで）乗る
・自行车＝自転車

ツクレン！ツクレン！

1 次の文を中国語に訳しなさい．（文法ポイント1と2）

(1) この料理は少ししょっぱい．（"咸" xián）＿＿＿＿＿＿
(2) 今日は昨日より少し涼しい．（"凉快" liángkuai）＿＿＿＿＿＿
(3) 彼は何をしているのですか？ ＿＿＿＿＿＿

2 次の文の下線部を問う疑問詞疑問文を作りなさい．（文法ポイント3）

(1) 他是从中国来的。 ＿＿＿＿＿＿
(2) 这件毛衣是去年买的。 ＿＿＿＿＿＿
(3) 我跟我爸爸去的。 ＿＿＿＿＿＿

"让" ràng ── *海带是我妈妈让我买的。*

「～に～させる」 使役の意味を表す． 兼語式文（→第10課 "请"）
主語＋"让"＋名詞＋動詞句

- 我妈妈让我去买东西。 Wǒ māma ràng wǒ qù mǎi dōngxi.
- 让我来介绍一下吧。 Ràng wǒ lái jièshào yíxià ba.

・介绍 = 紹介する
・游戏 = ゲーム
・儿子 = 息子
・留学 = 留学する

否定の副詞 "不" や "没"，助動詞 "要" "想" などは "让" の前に置く．

- 爸爸不让孩子玩儿游戏。 Bàba bú ràng háizi wánr yóuxì.
- 她想让她儿子去美国留学。 Tā xiǎng ràng tā érzi qù Měiguó liúxué.

● "叫" jiào も使役を表す．
老师叫学生查生词。 Lǎoshī jiào xuésheng chá shēngcí.

・穿 = 着る
・红色 = 赤い色の
・门 = ドア
・开 = 開く（⇔ "关" guān）
・躺 = 横になる

 "着" zhe ── *你在这儿等着我。*

「～ている」「～てある」 動詞＋"着" 動作や状態の持続，方式を表す．

- 他在车站等着呢。 Tā zài chēzhàn děngzhe ne.
- 他们都穿着红色的衣服。 Tāmen dōu chuānzhe hóngsè de yīfu.
- 门开着呢。 Mén kāizhe ne.
- 躺着看书。 Tǎngzhe kàn shū.

即練習!!

3 次の語を並べ換えて意味の通る文を作りなさい．（文法ポイント4）

(1) 老师 / 报告 / 写 / 学生 / 叫 / 。 老师＿＿＿＿＿＿
(2) 爸爸 / 旅行 / 让 / 一个人去 / 我 / 不 / 。 爸爸＿＿＿＿＿＿
(3) 这 / 的 / 我妈妈 / 让我 / 买 / 是 / 。 这＿＿＿＿＿＿

4 次の文を中国語に訳しなさい．（文法ポイント5）

(1) 私は外で待っています．
(2) ドアが閉まっています．（閉まる→ "关" guān）
(3) 私たち歩いて行きましょう．

会話練習

1 リビングルーム

● イラストを見て下線部に該当する語句を入れて練習してみましょう．

小孙＿＿＿＿＿＿＿＿着。

小孙在＿＿＿＿＿＿＿＿。

爸爸＿＿＿＿＿＿＿＿着。

爸爸在＿＿＿＿＿＿＿＿。

妈妈＿＿＿＿＿＿＿＿着。

妈妈在＿＿＿＿＿＿＿＿。

躺（横になる）tǎng

站（立つ）zhàn

坐（座る）zuò

小孙＿＿＿＿＿＿着＿＿＿＿＿＿呢。

爸爸＿＿＿＿＿＿着＿＿＿＿＿＿呢。

妈妈＿＿＿＿＿＿着＿＿＿＿＿＿呢。

こんなに違う 日中同形異義語

"绊" bàn　"结束" jiéshù

最近よく「絆」という語を見る．中国語ではこれは bàn と発音し，「モノにつまずく」という動詞だ．"绊脚石" bànjiǎoshí は「足がつまずく石」で「邪魔物」だ．もう一つ「結束」も見かける．「日本結束」のスポーツウエアを見たことがある．中国語の目からみると "日本结束" Rìběn jiéshù は「日本はおしまい」の意味だ．「結束式」なんてしているが，解散式だと思われるだろう．日本語ではプラス評価の語が，中国語ではマイナスの意味になっている．

会話練習

2 各種動作その2

唱歌儿（歌を歌う）
chàng gēr

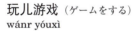
玩儿游戏（ゲームをする）
wánr yóuxì

画画儿（絵を描く）
huà huàr

弹钢琴（ピアノを弾く）
tán gāngqín

用电脑（パソコンを使う）
yòng diànnǎo

● イラストを見ながら下線部を他の語に置き換えて練習してみましょう．

A 他／她在干什么呢？　　Tā zài gàn shénme ne?

B 他／她在<u>唱歌儿</u>呢。　Tā zài <u>chàng gēr</u> ne.

Ibukomi 16
いぶこみ16景

値札つき

贈り物は相手のことを考え慎重に選ぶ．あまりに安いちゃちなものは相手をバカにしていることになるし，贈るほうも面子が立たない．だから時には値札がついたまま贈ることもある．ブランド物で，かつ値も張ることを敢えて見せる．値段が高いほどモノは良いという信仰もある．かくて贈り物は送り先で厳しく品定めされる．

特价558元

第十九課

第二十课

Dì èrshí kè

空港まで

いぶこみ フォトログ

水辺に面した古い街．たそがれ時はぶらつきたい誘惑に抗いがたい．

CD-90

単語

行李	xíngli	名	荷物．
收拾	shōushi	動	片付ける．整理する．
差不多	chàbuduō	形	だいたいよい．まあまあである．
麻烦	máfan	動	手数をかける．面倒をかける．
把	bǎ	前	〜を(〜する)．("把"によって動詞より前に出された目的語に何らかの処置を加える)．
窗户	chuānghu	名	窓．
关上	guānshang	動+補語	閉める．("上"は動詞の後についてあるものに付着することを表す)．
这个	zhèige	代	これ．この．
充电器	chōngdiànqì	名	充電器．
被	bèi	前	〜によって．(受身文で行為者を導く)．

弄坏	nònghuài	動+補語	いじって壊す．
外面	wàimiàn	名	外．
辆	liàng	量	台．車両を数える．
汽车	qìchē	名	自動車．
一定	yídìng	副	きっと．かならず．
送	sòng	動	送る．見送る．
机场	jīchǎng	名	空港．
祝	zhù	動	祈る．願う．
一路平安	yílù píng'ān	成	道中無事である．
知	zhī	動	知っている．わかる．
感谢	gǎnxiè	動	感謝する．
才	cái	副	やっと．ようやく．
有情后补	yǒu qíng hòu bǔ	成	このご恩はいつかお返しする．

128

小文

高桥: 行李 收拾好 了 吗？
Xíngli shōushihǎo le ma?

孙明: 差不多 了。麻烦 你，把 窗户 关上。
Chàduō le. Máfan nǐ, bǎ chuānghu guānshang.

高桥: 好 的。欸？这个 充电器 怎么 了？
Hǎo de. Éi? Zhèige chōngdiànqì zěnme le?

孙明: 充电器 被 我 弄坏 了，不 要 了。
Chōngdiànqì bèi wǒ nònghuài le, bú yào le.

高桥: 外面 来了 一 辆 汽车。
Wàimiàn láile yí liàng qìchē.

孙明: 啊，一定 是 朋友 的 汽车。他 送 我 去 机场。
Ā, yídìng shì péngyou de qìchē. Tā sòng wǒ qù jīchǎng.

高桥: 好，祝 你 一路 平安！
Hǎo, zhù nǐ yílù píng'ān!

孙明: 理惠，不 知 怎么 感谢 你 才 好，
Lǐhuì, bù zhī zěnme gǎnxiè nǐ cái hǎo,

有 情 后 补 吧。
yǒu qíng hòu bǔ ba.

引っ越しでも空港にゆくのでも，日本人は業者やタクシーだが，中国人は友人に頼んだりすることが多い．また受けた恩は忘れず，必ず返すという情がある．

文法メモ

1. "把" bǎ 構文
   「〜を〜する」
   "把" + O + V

2. "被" bèi 構文
   「〜に〜される」受け身を表す．

3. 存現文
   V + 意味上の主体

4. "祝" zhù 祈る言葉

文法ポイント

1 "把"bǎ 構文 —— 把窗户关上。

「〜を〜（どう）する」　主語＋"把"＋目的語（特定のもの）＋動詞＋α
目的語は特定のもの．動詞は単独では使われず，付加成分が必要．

- 我把行李收拾好了。　　Wǒ bǎ xíngli shōushihǎo le.
- 你把这本书带回去看看。　Nǐ bǎ zhèi běn shū dàihuiqu kànkan.

否定の副詞 "不" "没" や助動詞などは通常 "把" の前．

- 他还没把词典还给我。　　Tā hái méi bǎ cídiǎn huángěi wǒ.
- 我要把人民币换成日元。　Wǒ yào bǎ rénmínbì huànchéng rìyuán.

- 还给 ＝ 〜に返す
- 换成 ＝ 〜に換える

2 "被"bèi 構文 —— 充电器被我弄坏了。

「〜される」　主語（受け手）＋"被"＋（行為者）＋動詞＋α
動詞の後ろには一般に何らかの付加成分が必要．

- 我的电脑被弟弟弄坏了。　Wǒ de diànnǎo bèi dìdi nònghuài le.

"被" のあとの行為者は省略することができる．

- 那本书被借走了。　Nèi běn shū bèi jièzǒu le.

○ "让" ràng "叫" jiào も受け身の文に使われる．行為者の省略は不可．
我的自行车让哥哥骑走了。　Wǒ de zìxíngchē ràng gēge qízǒu le.
小偷儿叫警察抓住了。　　Xiǎotōur jiào jǐngchá zhuāzhù le.

- 借走 ＝ 借り出す
- 骑走 ＝ 乗っていく
- 小偷儿 ＝ 泥棒
- 警察 ＝ 警察官
- 抓住 ＝ 捕まえる

ツヅレン！ツヅレン！

1 次の語を並べ換えて意味の通る文にしなさい．

(1) 我／做完／了／今天的作业／把／。　　我＿＿＿＿＿＿＿＿
(2) 他／把／没／还／那本书／图书馆／还给／。　他＿＿＿＿＿＿＿＿
(3) 你／吧／收拾收拾／行李／把／。　　你＿＿＿＿＿＿＿＿

2 次の文を中国語に訳しなさい．

(1) 充電器は弟に持っていかれてしまった．　＿＿＿＿＿＿＿＿
(2) 私の自転車が友だちに乗っていかれてしまった．　＿＿＿＿＿＿＿＿

3 存現文 —— 外面来了一辆汽车。

V＋出現・消失するモノ・事柄（不定のモノ・事柄）

> 家里来了一位客人。　　Jiāli láile yí wèi kèren.
> 走了很多人。　　　　　Zǒule hěn duō rén.
> 外边儿下雨了，给你雨伞。Wàibianr xià yǔ le, gěi nǐ yǔsǎn.

・客人＝お客さん
・下雨＝雨が降る
・雨伞＝雨傘

●自然現象を言う時も存現文の文型を用いることが多い．

4 "祝" zhù 祈りの言葉 —— 祝你一路平安！

> 祝你身体健康！ Zhù nǐ shēntǐ jiànkāng!
> 祝你工作顺利！ Zhù nǐ gōngzuò shùnlì!
> 祝你生日快乐！ Zhù nǐ shēngrì kuàilè!
> 祝你学习进步！ Zhù nǐ xuéxí jìnbù!

・健康＝健康である
・顺利＝順調である
・快乐＝楽しい
・进步＝進歩する

"上学" shàngxué —— 希望への道

即練習!!

③ 次の文を日本語に訳しなさい．

(1) 我们学校来了一位新老师。＿＿＿＿＿＿＿＿＿＿＿＿＿＿
(2) 来了一个人，走了两个人。＿＿＿＿＿＿＿＿＿＿＿＿＿＿
(3) 下雨了，你快回去吧。＿＿＿＿＿＿＿＿＿＿＿＿＿＿＿＿

④ 次の相手に対してふさわしい「祈りの言葉」を入れなさい。

(1) お誕生日の人に．＿＿＿＿＿＿＿＿＿＿＿＿＿＿＿＿＿＿
(2) 旅に出かける人に．＿＿＿＿＿＿＿＿＿＿＿＿＿＿＿＿＿
(3) 勉強する人に．＿＿＿＿＿＿＿＿＿＿＿＿＿＿＿＿＿＿＿

会話練習

1 各種動作その3

姐姐 jiějie（姉）
自行车（自転車）zìxíngchē
妈妈 māma（母）
充电器 chōngdiànqì（充電器）

小偷儿 xiǎotōur（泥棒）　警察 jǐngchá（警官）

雨伞 yǔsǎn（傘）
妹妹 mèimei（妹）

● イラストを見て"把"を使った文と"被"を使った文を作ってみましょう．

姐姐把 ＿＿＿＿＿＿＿＿＿了．	我的自行车被 ＿＿＿＿＿＿＿＿＿了．
妈妈把 ＿＿＿＿＿＿＿＿＿了．	我的充电器 ＿＿＿＿＿＿＿＿＿了．
警察把 ＿＿＿＿＿＿＿＿＿了．	小偷儿被 ＿＿＿＿＿＿＿＿＿了．
妹妹把 ＿＿＿＿＿＿＿＿＿了．	我的雨伞被 ＿＿＿＿＿＿＿＿＿了．

こんなに違う 日中同形異義語

「油断一秒，怪我一生」

ある工場に中国から視察団がやってきた．視察団の一行は「油断一秒，怪我一生」という標語を見ていたく感動した．さすがは日本．労働者の心構えが違う．さてどうして感動したのか．"油断一秒"yóu duàn yì miǎo は中国語では「油が一秒断たれる」だ．"怪我一生"guài wǒ yìshēng のほうは"怪"が動詞で「責める」という意味，目的語は"我"だから「私を責める」となる．最後に"一生"とあるから，全体では「油が一秒でも断たれたら，わたしを一生責めてください」となるわけだ．これだけ長い文で日中同形異義文というのも珍しい．

会話練習

2 自然現象

●イラストを見て後半の文との結びつきが適切な自然現象の文を入れてみましょう.

_____了，你穿大衣去吧。　nǐ chuān dàyī qù ba.（オーバーを着て行きなさい）

_____了，花儿被吹倒了。　huār bèi chuīdǎo le.（花が吹き倒された）

_____了，雷声太大。　　　léishēng tài dà.（雷の音がたいへん大きい）

_____了，你带伞去吧。　　nǐ dài sǎn qu ba.（傘を持っていきなさい）

Ibukomi 16
いぶこみ16景

一枚のハンカチ

こんなことがあった．中国人留学生が日本人と郊外に遊びに行き，沢山撮った写真を現像して日本人にあげた．もちろんお金なんか要らない．翌日，日本人が「これ昨日のお礼」，そう言ってハンカチをあげた．中国人は驚く．「この人は私との関係を清算したいのか．それも一枚のハンカチで」と．

恩は心に刻み，すぐに返してはいけない．長いスパンで返せばいい．返すときも同等のモノで返してはプラマイゼロになってしまう．それでは関係を清算することになる．大きく返す．それでこそ今度は貸しができる．関係が続く．それがいい．

単語索引

数字→課　単→**単語**　文→**文法ポイント**　イ→**イラストコーナー**　練→**ソクレン／会話練習**

A

ā	啊	6 単
a	啊	10 単
āyí	阿姨	11 単
āiyā	哎呀	11 単
ānquán	安全	14 文

B

bǎ	把	9 文，20 単／文
bàba	爸爸	7 単，9 イ
ba	吧	6 単／文
báitáng	白糖	16 単
bǎihuò shāngdiàn	百货商店	13 イ
bàituō	拜托	18 単
bàn	半	15 単
bàngōnglóu	办公楼	16 イ
bàogào	报告	13 文
bēi	杯	9 文，18 単
běi	北	16 文
běibian	北边	16 文
Běihǎidào	北海道	17 文
Běijīng	北京	7 単
Běijīng kǎoyā	北京烤鸭	10 イ
Běijīngrén	北京人	7 単
běimiàn	北面	16 文
bèi	被	20 単／文
běn	本	9 文
bízi	鼻子	11 イ
bǐ	比	11 単
bǐjìběn	笔记本	7 イ
bian	边	16 文
biànlìdiàn	便利店	13 イ
bié	别	15 単／文
bīng	冰	8 単
bīngjīlíng	冰激凌	8 イ
bìng	病	17 文
bózi	脖子	18 イ
búcuò	不错	10 単
búguò	不过	10 単
bú kèqi	不客气	5 文
bú tài	不太	10 文，13 単
búyào	不要	15 文
bú yòng	不用	11 単
bù	不	5 単，7 単，16 文
bùdéliǎo	不得了	18 文
bù hǎoyìsi	不好意思	11 単
bù shūfu	不舒服	18 イ
bùxíng	不行	12 文，18 単
bùdīng	布丁	8 イ

C

cái	才	20 単
cài	菜	10 文，16 単
cānkǎoshū	参考书	7 文
cāntīng	餐厅	15 文
cāochǎng	操场	16 イ
cǎoméi	草莓	8 単
CD chàngpiàn	CD 唱片	18 文
chá	茶	10 文
chá	查	17 文
chà	差	15 文
chàbuduō	差不多	20 単
cháng	长	11 イ
cháng	尝	16 単
chàng gēr	唱歌儿	19 イ
chēzhàn	车站	13 文
Chén	陈	6 イ
chènshān	衬衫	12 イ
chéngnián	成年	17 単
chī	吃	8 単
chībuliǎo	吃不了	17 文
chīdeliǎo	吃得了	17 文
chī fàn	吃饭	12 文，15 文
chīguàn	吃惯	16 文
chī wǎnfàn	吃晚饭	15 イ
chī zǎofàn	吃早饭	15 イ
chōngdiànqì	充电器	20 単
chōu yān	抽烟	17 文
chū	出	12 文
chūfā	出发	13 文
chūlai	出来	12 文／イ
chūqu	出去	12 文／イ
chūzhōngshēng	初中生	5 イ
chūzūchē	出租车	13 イ
chuān	穿	19 文
Chuāncài	川菜	10 文
chuán	船	13 イ，15 イ
chuānghu	窗户	20 単
chuīdǎo	吹倒	20 イ

chūnjià	春假	14 文
Chūnjié	春节	14 亻
cídiǎn	词典	7 文
cóng	从	13 单／文
cuò	错	16 文

D

dǎ	打	16 文
dǎ bàngqiú	打棒球	16 亻
dǎ diànhuà	打电话	11 文
dǎgōng	打工	14 文
dǎ lánqiú	打篮球	16 亻
dǎléi	打雷	20 亻
dǎ pīngpāngqiú	打乒乓球	16 亻
dǎ wǎngqiú	打网球	16 亻
dà	大	10 亻，11 文／亻，17 单
dàbā	大巴	15 亻
dà chéngshì	大城市	7 单
dà wèntí	大问题	19 单
dàxué	大学	7 文
dàxuéshēng	大学生	6 文／亻
dàyī	大衣	12 亻
dài	带	13 单
dàngāo	蛋糕	8 单／亻
dàngtiān	当天	17 文
dǎoyóu	导游	6 亻
dào	到	14 单，15 文
de	的	7 单／文
de	得	17 单／文，18 单／文
de shíhou	的时候	15 文
děi	得	13 单
děng	等	12 文，19 单
dìdi	弟弟	9 单／亻
dìtiě	地铁	13 单／亻
dìtiězhàn	地铁站	13 单
dìtú	地图	13 单
diǎn	点	15 单／文
diǎnr	点儿	17 单
diǎnxin	点心	19 单
diànnǎo	电脑	9 文，11 亻
diànshì	电视	19 文
diànyǐng	电影	8 文
diànyǐngyuàn	电影院	13 亻
diànzǐ yóujiàn	电子邮件	11 文
dōng	东	16 文
dōngbian(r)	东边(儿)	16 文
dōngdàozhǔ	东道主	10 单
Dōngjīng	东京	15 亻
Dōngjīngrén	东京人	7 单
Dōngjīngzhàn	东京站	13 单
dōngmiàn	东面	16 文
dǒng	懂	16 文
dōu	都	7 单／文
dúshēng zǐnǚ	独生子女	11 練
dúshēngzǐ	独生子	9 单
dùzi	肚子	18 亻
Duānwǔjié	端午节	14 亻
duǎn	短	11 亻
duì	对	5 单
duìbuqǐ	对不起	5 文
duìmiàn	对面	16 文
duō	多	10 亻
duō cháng shíjiān	多长时间	15 文
duō dà	多大	9 单
duō le	多了	11 单
duōshao	多少	9 文，12 单

E

ěxin	恶心	18 亻
éi	欸	14 单
ěrduo	耳朵	11 亻，18 亻
érzi	儿子	19 文

F

fā	发	11 文
fāshāo	发烧	18 单／亻
Fǎguórén	法国人	5 亻
Fǎyǔ	法语	10 文
fàncài	饭菜	14 文
fàndiàn	饭店	13 亻
fángdìchǎn gōngsī	房地产公司	17 亻
fángjiān	房间	11 文
fàng	放	11 单，14 文
fēicháng	非常	16 文
fēijī	飞机	13 亻，15 亻
fēn	分	12 文，15 文
fēnzhōng	分钟	15 文
fúwùyuán	服务员	8 单
Fùshìshān	富士山	15 亻

G

gānjìng	干净	11 亻
gǎnxiè	感谢	20 单

gàn	干	19 文	hěn	很	10 单
gāngbǐ	钢笔	18 練	hóngchá	红茶	8 イ
gāo	高	11 单	hónglǜdēng	红绿灯	13 单
Gāoqiáo	高桥	5 单	hóngsè	红色	19 文
Gāoqiáo Lǐhuì	高桥理惠	6 单	hòu	后	16 文
gāoxìng	高兴	18 文	hòubian(r)	后边(儿)	16 文
gāozhōngshēng	高中生	5 イ	hòumiàn	后面	16 文
gēge	哥哥	9 文	hùshi	护士	6 イ
gèzi	个子	11 单	huār	花儿	20 イ
ge	个	9 单	huá	滑	18 单
gěi	给	11 单/文, 12 单, 18 单	huáxuě	滑雪	18 单
			huà	画	13 单
gēn	跟	14 单/文	huà huàr	画画儿	19 イ
gōngjiāochē	公交车	13 イ	huānyíng	欢迎	11 单
gōngsī zhíyuán	公司职员	6 イ	huángěi	还给	20 文
gōngzuò	工作	7 单	huàn chē	换车	13 文
gǒu	狗	8 文	huànchéng	换成	20 文
guā fēng	刮风	20 イ	huí	回	12 单
guǎi	拐	13 单	huíbulái	回不来	17 文
guān	关	19 練	huídelái	回得来	17 文
guàn	惯	16 文	huí guó	回国	11 文
guānshang	关上	20 单	huí jiā	回家	15 イ
guāng	光	16 文	huílai	回来	17 文/イ
guì	贵	10 イ, 11 文	huíqu	回去	19 单, 12 文/イ
guìxìng	贵姓	6 文	huì	会	16 单/文
guǒzhīr	果汁儿	8 イ	huǒchē	火车	13 イ
guò	过[動]	12 文, 13 单			
guòlùrén	过路人	13 单		J	
guòqu	过去[動]	15 单	jīchǎng	机场	20 单
guòyǐn	过瘾	17 单	jǐ	几	9 单/文
guo	过	10 单/文	jìjié	季节	17 单
			jìzhù	记住	16 文
	H		jiā	家	7 文[名], 15 单[量], 16 单[名]
hái	还	10 单			
háishi	还是	10 单/文	jiā	加	8 单
háizi	孩子	9 文	jiādiàn chǎngjiā	家电厂家	17 イ
hǎidài	海带	19 单	jiālirén	家里人	14 单
Hánguórén	韩国人	5 イ	jiānbǎng	肩膀	18 イ
Hànyǔ	汉语	7 文	jiàn	件	9 文, 12 单
hángkōng gōngsī	航空公司	17 イ	jiàn	见	16 文
hǎo	好	6 文, 10 单, 11 单, 14 单, 16 单	jiànkāng	健康	20 文
			jiāo	教	18 单
hǎochī	好吃	10 单	jiào	叫	6 单
hǎo de	好的	8 单	jiǎo	角	12 文
hào	号	14 单	jiàoshì	教室	12 单
hē	喝	8 单	jiàoxuélóu	教学楼	16 イ
hé	和	9 文	jiějie	姐姐	9 イ
héshì	合适	12 单	jiè	借	12 文

jièshào	介绍	19 文
jièzǒu	借走	20 文
jīnnián	今年	9 单, 14 文
jīntiān	今天	10 文, 14 单 / 文
jìn	近	10 イ
jìn	进	11 单, 12 文
jìnbù	进步	20 文
jìn dǎ shǒujī	禁打手机	17 イ
jìnlai	进来	12 文 / イ
jìnqu	进去	12 单 / 文 / イ
jìnzhǐ huábīng	禁止滑冰	17 イ
jìnzhǐ pāishè	禁止拍摄	17 イ
jìnzhǐ yóuyǒng	禁止游泳	17 イ
Jīngdū	京都	15 イ
jǐngchá	警察	20 文
jiǔ	酒	10 文, 17 单
jiǔshuǐdān	酒水单	8 单
jiù	就	12 单 15 单

K

kāfēi	咖啡	8 イ, 9 文, 15 单
kāfēiguǎnr	咖啡馆儿	15 单
kāi	开	19 文
kāichē	开车	17 文
kāishǐ	开始	15 文
kàn	看	8 单
kànbudǒng	看不懂	17 文
kàndedǒng	看得懂	17 文
kàndǒng	看懂	17 文
kànjiàn	看见	16 文
kàn shū	看书	7 イ
késou	咳嗽	18 イ
kě	渴	15 单
kělè	可乐	8 单
kěshì	可是	17 单
kěyǐ	可以	12 单 / 文
kè	刻	15 文
kè	课	15 文
kèběn	课本	7 文
kèqi	客气	11 单
kèren	客人	20 文
kètīng	客厅	18 文
kèwén	课文	17 文
kǒu	口	9 文
kùzi	裤子	12 イ
kuài	快	11 イ
kuài	块	12 单 / 文
kuài ~ le	快~了	14 单 / 文
kuàilè	快乐	20 文
kuàizi	筷子	18 文

L

là	辣	19 文
lái	来	7 文, 16 单, 18 单
lǎojiā	老家	7 单
lǎolao	姥姥	9 イ
lǎoshī	老师	5 文, 7 单, 9 文
lǎoye	姥爷	9 イ
le	了	13 单, 14 单
léishēng	雷声	20 イ
lèi	累	14 文
lěng	冷	10 文
lěngfū	冷敷	18 单
lí	离	13 单 / 文
Lǐ	李	6 文 / イ
lǐ(li)	里	9 文, 16 文
lǐbian(r)	里边(儿)	16 文
lǐmiàn	里面	16 文
lǐwù	礼物	11 单
lìhai	厉害	18 文
lìshǐ	历史	7 文
liǎn	脸	11 イ
liáng	凉	14 文
liángbàn	凉拌	16 单
liángkuai	凉快	11 イ, 19 練
liǎng	两	9 文
liàng	辆	9 文, 20 单
liǎo	了	17 单
líng	零	9 文, 15 文
lǐngdài	领带	9 文
Liú	刘	6 イ
liú bítì	流鼻涕	18 イ
liúlì	流利	18 文
liúxué	留学	19 文
liúxuéshēng	留学生	7 单
lǚxíngshè	旅行社	17 文
lǜchá	绿茶	8 イ

M

māma	妈妈	7 单, 9 イ
máfan	麻烦	20 单
mápó dòufu	麻婆豆腐	10 イ
mǎshàng	马上	15 单
ma	吗	5 单 / 文
mǎi	买	11 单

mǎi dōngxi	买东西	8 文
màn	慢	11 イ
máng	忙	18 文
māo	猫	8 文
máo	毛	12 文
máoyī	毛衣	12 单 / イ
màoyì gōngsī	贸易公司	17 イ
méi	没	16 文
méi guānxi	没关系	5 文
méi wèntí	没问题	16 单
méiyou	没有	9 单
měi	美	11 文
Měiguórén	美国人	5 文 / イ
Měihuì	美惠	6 文
měitiān	每天	15 文
měiyuán	美元	12 文
mèimei	妹妹	9 单 / イ
mén	门	19 文
mǐ	米	17 文
miàn	面	16 文
míngbai	明白	13 单
míngnián	明年	11 文, 14 文
míngpiàn	名片	7 单
míngtiān	明天	11 文, 14 文
míngzi	名字	6 单

N

ná	拿	12 文, 19 单
nǎ	哪	7 文, 8 文
nǎ guó rén	哪国人	8 文
nǎli	哪里	7 文, 11 单
nǎr	哪儿	7 文, 8 文
nà	那	6 单, 7 文
nàli	那里	7 文
nàme	那么	17 練
nàr	那儿	7 文
nǎilào	奶酪	19 单
nǎinai	奶奶	9 イ
nán	难	10 文
nán	南	16 文
nánbian(r)	南边（儿）	16 文
nánháizi	男孩子	16 单
nánmiàn	南面	16 文
ne	呢（助）	6 单 / 文, 19 单 / 文
něige(nǎge)	哪个	7 文, 8 文
nèige(nàge)	那个	7 文
néng	能	17 单 / 文
ǹg	嗯	19 单

nǐ	你	5 单 / 文
nǐ hǎo	你好	5 单 / 文
nǐmen	你们	5 文
nián	年	14 文
niàn	念	13 文
nín	您	5 文
nònghuài	弄坏	20 单
nǚ'ér	女儿	11 文
nuǎnhuo	暖和	11 イ, 19 文

O

ò	哦	14 单

P

pángbiān(r)	旁边（儿）	13 文, 16 文
pángxiè	螃蟹	17 单
pǎo	跑	12 文
péngyou	朋友	7 文
píjiǔ	啤酒	9 文 / イ
piányi	便宜	10 イ
piàoliang	漂亮	11 单
píng	瓶	9 文
píngguǒpài	苹果派	8 イ

Q

Qīxī	七夕	14 イ
qí	骑	19 文
qízǒu	骑走	20 文
qǐ	起	12 文, 18 文
qǐchuáng	起床	15 イ
qìchē	汽车	9 文, 11 イ, 20 单
qìshuǐr	汽水儿	8 イ
qiānbǐ	铅笔	7 イ, 9 文 / イ
qiānbǐhér	铅笔盒儿	7 イ
qiānzì	签字	18 文
qián	前	16 文
qián	钱	12 单
qiánbāo	钱包	9 文
qiánbian(r)	前边（儿）	16 文
qiánfāng	前方	18 单
qiánmiàn	前面	16 文
Qiáoběn Hǎohuì	桥本好惠	6 文
qīng	轻	11 イ
qǐng	请	10 单 / 文
qǐng duō guānzhào	请多关照	5 单 / 文
qǐngwèn	请问	6 文, 13 单
qiūtiān	秋天	11 文

qù	去	7文, 12文
qùnián	去年	14文
qúnzi	裙子	12イ

R

ránhòu	然后	13单
ràng	让	19单
rè	热	10文
rè niúnǎi	热牛奶	8单
rèshuǐ	热水	18单
rén	人	9文
rénmínbì	人民币	12文
rènzhēn	认真	15文
Rìběn liàolǐ	日本料理	10单
Rìběnrén	日本人	5单
Rìyǔ	日语	7文
rìyuán	日元	12文
róngyì	容易	10文
ròu	肉	10单

S

sǎngzi	嗓子	18イ
Shānkǒu	山口	7单
shǎng yuè	赏月	14单
shàng（shang）	上	9文, 12文, 16文
shàngbian(r)	上边(儿)	16文
shàngcì	上次	15单
shàng(ge)xīngqī	上个星期	14文
shàng ge yuè	上个月	14文
Shànghǎi	上海	7单
Shànghǎirén	上海人	7单
shàngkè	上课	13文
shànglai	上来	12文
shàngmiàn	上面	16单／文
shàngqu	上去	12文／イ
shàngwǔ	上午	15文
shàngxué	上学	15イ
shǎo	少	10イ
shéi(shuí)	谁	5文, 7文, 8文
shēncái	身材	11单
shēntǐ	身体	19单
shénme	什么	6单, 8文
shénme dìfang	什么地方	8文
shénme shíhou	什么时候	19文
shēngcí	生词	16文
shēngqì	生气	15文
shēngrì	生日	14文
shēngyīn	声音	17文
shítáng	食堂	12文, 16イ
shì	是	5单／文
shì	事	16文
shì	试	12单
shì～de	是～的	19文
shìqing	事情	15单
shìshi	试试	12单
shōu	收	12单
shōushi	收拾	20单
shǒujī	手机	7文／イ
shòusī	寿司	10イ
shū	书	7文
shūbāo	书包	7イ, 8文, 9文
shūfu	舒服	19文
shūshu	叔叔	11单
shǔjià	暑假	14練
shuǐjiǎor	水饺儿	10イ
shuì	睡	15文
shuìjiào	睡觉	15イ
shuìzháo	睡着	16文
shùnlì	顺利	20文
shuō	说	7文, 14单
shuōhuà	说话	15文
Sìchuān	四川	10文
sījī	司机	6イ
sòng	送	20单
suàn	算	17单
suànle	算了	12单
suì	岁	9单
suìshu	岁数	9文
Sūn Míng	孙明	5单, 6单

T

tā	他	5文
tā	她	5文, 9单
tā	它	5文
tāmen	他们	5文
tāmen	她们	5文
tāmen	它们	5文
tái	台	9文
tài～le	太～了	11单
tán gāngqín	弹钢琴	19イ
tǎng	躺	19文／イ
téng	疼	18单
tī zúqiú	踢足球	16イ
tǐyùguǎn	体育馆	16イ
tiān	天	15文

tiānfùluó	天妇罗	10 イ
tiáo	条	9 文
tīng	听	12 文
tīngbujiàn	听不见	17 文
tīngdejiàn	听得见	17 文
tīngdǒng	听懂	16 文
tīngjiàn	听见	17 文
tīng yīnyuè	听音乐	7 イ
tǐng ~ (de)	挺~(的)	15 单／文
tóngxué	同学	8 文
tóu	头	18 单／イ
túshūguǎn	图书馆	8 文,16 イ
tǔtèchǎn	土特产	19 单
tuǐ	腿	11 イ
tuìshāo	退烧	18 单
tuō	脱	11 单
Txù	T恤	12 イ

W

wài	外	16 文
wàibian(r)	外边(儿)	16 文
wàimiàn	外面	20 单
Wàiyǔ Dàxué	外语大学	7 文
wān yāo	弯腰	18 单
wánr	玩儿	13 文
wánr yóuxì	玩儿游戏	19 イ
wǎn	晚	18 文
wǎnfàn	晚饭	15 イ
wǎnshang	晚上	10 单,15 文
Wáng	王	6 文／イ
wǎng	往	13 单／文
wǎngqiú	网球	16 文
wèi	位	9 文
wèidao	味道	10 单
wèi shénme	为什么	13 文
wēnxīn	温馨	14 单
wèn	问	18 文,19 单
wǒ	我	5 单／文,9 イ
wǒmen	我们	5 文
wǔfàn	午饭	13 文

X

xī	西	16 文
xībian(r)	西边(儿)	16 文
xīhóngshì	西红柿	16 单
xīmiàn	西面	16 文
xǐhuan	喜欢	8 单／文
xǐzǎo	洗澡	15 イ
xià	下	12 文,16 文
xiàbian(r)	下边(儿)	16 文
xià(ge)xīngqī	下(个)星期	14 文
xià ge yuè	下个月	14 文
xiàkè	下课	13 文
xiàlai	下来	12 文／イ
xiàmiàn	下面	16 文
xiàqu	下去	12 文
xiàwǔ	下午	15 文
xià xīngqītiān	下星期天	16 单
xià xuě	下雪	20 イ
xià yǔ	下雨	20 文
xiān	先	14 文
xián	咸	19 練
xiānsheng	先生	6 单／文
xiànzài	现在	14 单
xiǎng	想	8 单／文
xiàngpí	橡皮	7 イ／9 文
xiǎo	小	6 单／文,10 イ,11 イ
xiǎohào	小号	12 单
xiǎojiě	小姐	11 单
xiǎolóngbāo	小笼包	10 イ
xiǎoshí	小时	15 文
xiǎotōur	小偷儿	20 文
xiǎoxuéshēng	小学生	5 イ
xiē	些	19 单
xié	鞋	11 单／イ
xièxie	谢谢	5 文,7 单
xiě xìn	写信	7 イ
xiěcuò	写错	16 文
xīngànxiàn	新干线	15 イ
xìn	信	18 練
xīngqī	星期	14 文
xíngli	行李	20 单
xìng	姓	6 单
xìngrén dòufu	杏仁豆腐	8 イ
xiōngdì jiěmèi	兄弟姐妹	9 单
xiūxi	休息	12 文
xué	学	7 文
xuésheng	学生	5 文
xuéshengmen	学生们	11 文
xuéxí	学习	14 文
xuéxiào	学校	13 文

Y

yǎnjing	眼睛	11 文／イ

yǎnxià	眼下	17 単
yàngzi	样子	18 単
yāo	腰	18 イ
yào	要	7 文, 11 単 / 文, 15 文, 17 単
yéye	爷爷	9 イ
yě	也	7 単 / 文
yīfu	衣服	9 文 / イ
yīshēng	医生	6 イ
yīyuàn	医院	12 文
yí biàn	一遍	17 文
yí cì	一次	10 文
yídìng	一定	16 文, 20 単
yílù píng'ān	一路平安	20 単
yíxià	一下	18 単 / 文
yǐjīng	已经	14 単
yǐzi	椅子	9 文 / イ
yìbān	一般	16 単
yìbiān ~ yìbiān	一边~一边	14 単 / 文
yìdiǎnr	一点儿	11 文, 19 文
yìqǐ	一起	14 単
yìsi	意思	17 練
yìzhí	一直	13 単
yīnlì	阴历	14 単
yīnwèi	因为	13 文
yínháng	银行	13 イ
yǐnliào	饮料	12 文
yīnggāi	应该	11 文
Yīngguórén	英国人	5 イ
Yīngyǔ	英语	10 文
yòng	用	12 文, 18 単 / 文
yòngguāng	用光	16 文
yòng diànnǎo	用电脑	19 イ
yóu	游	17 文
yóujì	邮寄	19 単
yóujú	邮局	13 文 / イ
yóuxì	游戏	19 文
yóuyǒng	游泳	16 イ
yóuyǒngchí	游泳池	16 イ
yǒu	有	9 単 / 文
yǒudiǎnr	有点儿	18 練, 19 単 / 文
yǒu qíng hòu bǔ	有情后补	20 単
yòu	右	13 単, 16 文
yòubian(r)	右边(儿)	16 文
yú	鱼	10 単
yǔsǎn	雨伞	7 イ, 20 文
Yǔtián	羽田	13 文
yuán	元	12 文
Yuánxiāojié	元宵节	14 イ
yuánzhūbǐ	圆珠笔	7 イ
yuǎn	远	10 イ, 13 単
yuè	月	14 単, 15 単
yuèbing	月饼	14 単

Z

zázhì	杂志	9 文
zài	在	13 単 / 文, 17 単 / 文, 19 文
zài	再	17 単 / 文
zàijiàn	再见	5 文
zánmen	咱们	5 文
zāng	脏	11 イ
zǎo	早	18 文
zǎofàn	早饭	15 イ
zǎoshang	早上	15 文
zěnme	怎么	13 単 / 文
zěnmeyàng	怎么样	10 単
zhàn	站	12 文, 19 イ
Zhāng	张	6 イ
zhāng	张	9 文
zháo	着	16 文
zhǎodào	找到	16 文
zhào	照	18 単
zhàopiàn	照片	11 単
zhàoxiàng	照相	11 文
zhè	这	7 単 / 文
zhèli	这里	7 文, 17 単
zhème	这么	17 単
zhèr	这儿	7 文
zhe	着	19 単 / 文
zhèige(zhège)	这个	7 文, 20 単
zhèi(ge)xīngqī	这个星期	14 文
zhèi ge yuè	这个月	14 文
zhēn	真	10 文, 11 単
zhèng	正	12 単, 19 単
zhèngmén	正门	16 イ
zhī	枝	9 文
zhī	只	17 単
zhī	知	20 単
zhīdao zhīdào	知道	16 文
Zhōngguócài	中国菜	10 文, 16 単
Zhōngguórén	中国人	5 単
Zhōngqiūjié	中秋节	14 単 / イ
Zhōngwénbào	中文报	17 文
zhōngwǔ	中午	15 文
zhòng	重	11 イ

zhù	祝	20 单, 20 文
zhuāzhù	抓住	20 文
zhuōzi	桌子	9 文
zīliào	资料	17 文
zì	字	13 文
zìwǒ jièshào	自我介绍	18 文
zìxíngchē	自行车	19 文
zǒu	走	12 文, 13 单
zǒulù	走路	14 文
zuǐ	嘴	11 イ
zuótiān	昨天	14 文
zuǒ	左	13 文, 16 文
zuǒbian(r)	左边（儿）	16 文
zuǒyòu	左右	15 文
zuò	坐	12 文, 13 单, 19 イ
zuò	做	7 单, 16 单
zuòbuwán	做不完	17 文
zuòdewán	做得完	17 文
zuòwán	做完	16 文, 17 文
zuò zuòyè	做作业	11 文

著者

相原　茂
　　中国語コミュニケーション協会代表

陳　淑梅
　　東京工科大学名誉教授

飯田敦子
　　慶應義塾大学講師

表紙・本文デザイン　　小熊未央
本文イラスト　　　　　梅本　昇

SPECIAL THANKS　　東京工科大学メディア学部 intebro
吹込み者　　　　　　毛興華　朱怡穎　劉セイラ

日中いぶこみ交差点
エッセンシャル版

| 検印省略 | © 2019 年 1 月 31 日　初　版　発行
　　2025 年 1 月 31 日　第 6 刷　発行 |

著　者　　　　　　　相原　茂
　　　　　　　　　　陳　淑梅
　　　　　　　　　　飯田敦子

発行者　　　　　　　原　雅久
発行所　　　　　　　株式会社 朝 日 出 版 社
　　　〒 101-0065　東京都千代田区西神田 3-3-5
　　　　　　　　電話 (03) 3239-0271（直通）
　　　　　　　振替口座　東京 00140-2-46008
　　　　　　　　　欧友社／TOPPAN クロレ

乱丁・落丁本はお取り替えいたします

本書の一部あるいは全部を無断で複写複製 (撮影・デジタル化を含む) 及び転載することは、法律上で認められた場合を除き、禁じられています

ISBN978-4-255-45314-9　C1087